やってはいけない営業術

早川勝
Masaru Hayakawa

きずな出版

本物のプロフェッショナルな営業マンの定義とは、何なのか。

それは「**自分自身をも完全に説得し切った素晴らしいものを、お客さまの問題解決や幸せのために、正々堂々と〝売ってあげる〟ことのできる最高峰《さいこうほう》のアーティスト**」である。

この大原則は、いつの時代となっても不変だろう。

反対に、やってはいけない「×マーク」のついた営業マンとは、「**自分自身が信じ切れていないものを、組織や自らの成績の都合だけで、恐る恐る媚《こ》びた姿勢で買ってもらう、泥臭い御用聞《ごようき》き**」のことである。

やってはいけないことをやっていると、お客さまも不幸になるし、営業マンも不幸になる。誰もいい思いはしない。たとえいっときだけ売上は伸びたとしても、遅かれ早かれターンオーバー（大量脱落）していく悲劇は免《まぬが》れない。営業組織にとっても、長い目で見ればマイナスでしかないだろう。

しかし残念ながら、いまもなお世の中のスタンダードは後者の〝やってはいけない〟営業スタイルであり、「×マーク」が圧倒的に幅を利かせているのが現状なのだ。

私は30年以上にもわたり「やらかしてしまった営業マン」が淘汰《とうた》されていく最難関の生命保険営業の世界で揉《も》まれながら、年収数千万円を稼ぎ出す完全歩合給制のプレーヤーとして、また、営業所長、支社長、統括部長、営業本部長として、はたまた、エグゼクティブトレーナーとして〝あるべき営業術〟を極めてきた。

現在所属している営業組織においても、日々トレーニングに明け暮れて腕を磨き続け、成功メソッドを研究し尽くしている。よって、セールスプロセスやそのスキルについては、**常に「時代の最先端」を走っている**という自負《じふ》もある。

それらの経験をまとめ執筆してきたビジネス書も、ついに本書で19作目となった。

常に現場でインプットした〝営業術〟を出版や講演で世間にアウトプットしていくという活動を並行し、その経験値を積み重ねていくリアル志向が私の強みである。

おかげさまでベストセラーとなった拙著『営業の鬼100則』（明日香出版社）は、まさに〝鬼のように〟売れに売れた。年間ランキング「営業本・第1位」（トーハン調べ）にも輝き、令和の時代に入ってからもっとも多くの営業マン読者に愛されたバイブルとなっているようだ。

その大反響に後押しされ、このたび**「〝鬼〟を超える営業本を」とのオファーを受けるに至り、ここに本書が誕生したのである。**

自画自賛《じがじさん》で恐縮だが、かつてここまで**〝あるべき営業術〟の核心に迫ったマニュアルは存在しなかったと断言してもいい。**それほどのクオリティである。

すでに「やらかしてしまった営業マン」にとっては、V字回復できる絶好の機会となるに違いない。シンプルに「×」を「○」へ軌道修正するだけでいいのだから。

それだけで、あなたの営業力を最高峰の芸術レベルにまで覚醒させることも可能だ。

どうか本書のメッセージを信じ、座右《ざゆう》の書としてもらえたら幸いである。

もくじ
やってはいけない
営業術

第2章

やってはいけない「アプローチ」

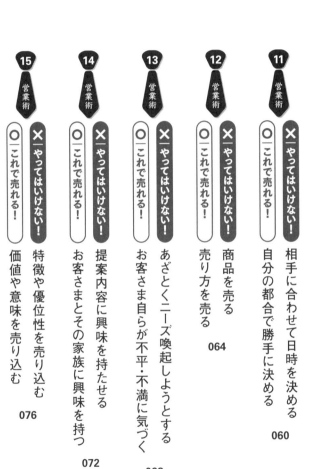

第3章
やってはいけない「トークスキル」

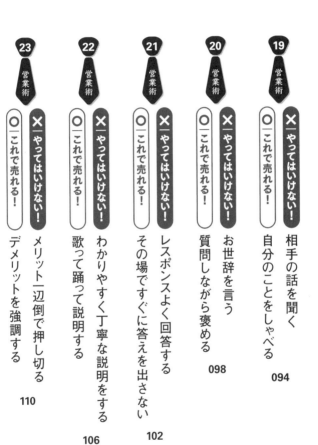

第4章

やってはいけない「人脈術」

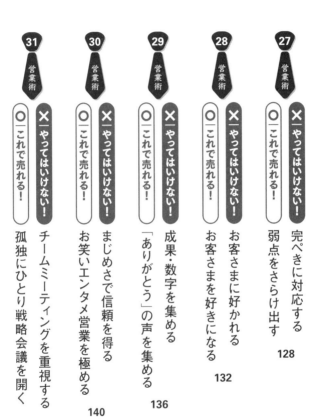

第5章 やってはいけない「クロージング」

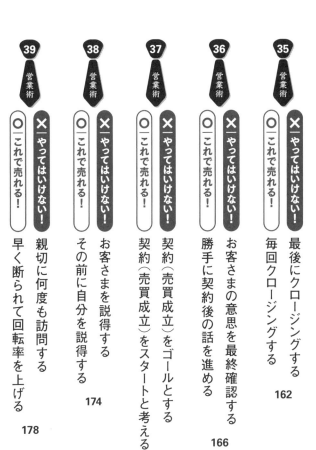

第6章

やってはいけない「営業習慣」

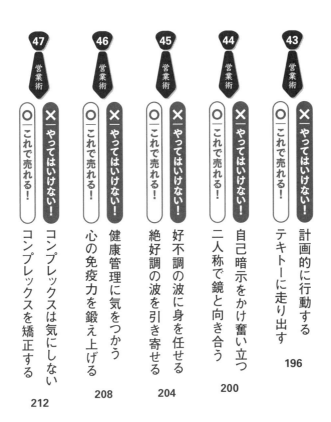

第1章

やってはいけない「営業マインド」

01 営業術

やってはいけない！

承認欲求を満たす

これで売れる！

自尊心を満たす

恥ずかしながら、若手社員だった頃の私は、高額な報酬、地位や名誉を得て、称賛されたいばかりに、見栄を張って生きてきた。いやはや、まったくもって薄っぺらな生き方だったと、いまとなっては穴があったら入りたいほどである。

かつての私は、目の前の目標達成こそが命であったために、一部の能力、すなわち20％の能力（営業推進力）を500％のパワーでフル回転してきたイメージだ。だから私はいつも疲れ果てていた。それでもふんばる、そしてまたふんばる、の繰り返しだった。

目先のご褒美、すなわち「ニンジン」に釣られた馬車馬《ばしゃうま》のように走ってきたのだ。ニンジン好きのオリンピックみたいな生保業界に身を置いていたことも拍車をかけたのだろう。高額なコミッション（歩合給）や報奨金をはじめ、嵐のようにこれでもかこれでもかと、ランキングづけによる承認欲求をあおり、さらにもっと豪華絢爛《ごうかけんらん》なニンジンをぶら下げ続ける、という悪趣味な慣習が繰り返されてきたわけだ。

ところがやはり、**それには限界があった。ニンジンでお腹がいっぱいになれば、小休止したくもなる。**ついには、大きなニンジンで馬尻《バケツ》を叩いてもらわないと、動機づけされなくなっていったのだ。

しかし、しかし、である。いつしか私は、見栄を張りたい「偽物の自分」を追い出した。そして、本来の自分を取り戻してからというもの〝安堵感《あんどかん》〟のなかでコンスタントに成果を出し続けられるようになれた。

それは、なぜだったのか。

「何のために」働くのか、「誰のために」働くのか、その答えにたどり着いたからだ。

そう、それは世のため、人のため、正義のため、自己実現のためだ。

「青臭い」などと笑い飛ばさないでほしい。あなたもそろそろ、承認欲求に振り回されてきた「偽者の自分」を受け入れてみてはどうだろうか。


真の目的を見失う心理のメカニズムは、複雑なようで単純だ。魂の根っこをむしばんでいるのは「自分は価値の低い、悪徳な人間である」という後ろめたさや罪悪感である。

じつのところ、**人の能力レベルと高潔《こうけつ》レベルというのは別次元の指標である。**

「高潔さ（インテグリティ）」というのは、目先の利欲に心を動かされず、一貫して厳格な態度で自己を律することができる、公平で健全で清廉潔白《せいれんけっぱく》な美しい倫理観のことだ。

「もうひとりの偽者の自分」から幽体離脱《ゆうたいりだつ》し、俯瞰《ふかん》してみれば、そこには短絡的な行動や目先の利益に走っている自分自身が見えてくるはずである。

たとえば誰にでも、次のような正しい倫理観があるはずだ。


礼節を尽くした挨拶をする。人と人との心の交流を大切にする。約束を守ることはもちろん嘘をつかない。時間すなわち人生を無駄にしない。仲間を決して裏切らない。親孝行やお墓参りをする。早寝早起きなど規則正しい生活をする。整理整頓を心がけ身の回りの清掃を欠かさない。積極的な寄付や募金をする。お年寄りや身体の不自由な方に席を譲る。思いやりをもって弱者を助ける――。

日常の些細なことから、正しい倫理観を育て、自らの「インテグリティ・パワー」に磨きをかけることだ。

そうした生き方に改心できたとき、「もうひとりの偽者」は消えていく。

高潔に生きて〝自尊心〟を満たすことができれば、あなたは本来のあなたらしく、正しい目的に向かい勇往邁進《ゆうおうまいしん》することになるのである。

02 営業術

やってはいけない!

目標達成のために営業する

これで売れる!

お客さまのために問題を解決する

「目標達成」こそが、営業マンの至上命題であるとばかりに、ターゲットへ向かってまっしぐらに突き進む。そんなセールスマンシップ、私は決して嫌いじゃない。むしろ応援したいとさえ思うほどだ。

ただ、そんな営業マンほど、暴走しがちである。

達成への道が険しくなってくると、親しい顧客へニーズのない商品を強引に売りつけたり、根性・根性・ど根性で何度も足を運び泣きついたり、断り切れないよう高価な贈り物をしたりと、**義理（G）・人情（N）・プレゼント（P）の「G・N・P営業」が止まらなくなる。**

引きつった顔のお客さまがしぶしぶ購入されるような営業を続けているなんて、世の営業マンへのマイナスイメージが払拭されないのも無理はない。皮肉なことに、そんな営業をすればするほど、ますます風評被害が広まっていき、私たち営業マンは窮地《きゅうち》に追い込まれていくのである。

もしあなたが、そのように、営業マンサイドの都合を優先し、プッシュ型の「お願いセールス」に成り下がっているとしたなら、一刻も早くその〝迷惑行為〟を止めることである。

営業の本質とは何なのか。

それは「**売ること**」**によって、お客さまの**「**人生の問題**」**を解決すること**である。

お客さまの問題が解決しない限り、営業の目的が成就したとは言えない。もし、お客さまの問題が何も解決・改善されていないとしたならば、それはもはや「押し売り」の域を出ていないのだ。

あなたはいま、お客さまの人生の問題を次々と解決し、喜ばれている、役に立っている、感謝されている、と胸を張って言い切れるだろうか。

もしかすると、売り手側の都合よく、日々目をつぶり〝悪徳商法〟を繰り返しているのではないのか。売り手側の利益を最優先させる商売をしているのではないのか。

仮に、善悪の判断が許されないブラックな組織に所属しているとしたら、明日にでも足を洗い、一日も早く〝堅気《かたぎ》〟になることだ。

「解決策」として商品を販売する、それこそが営業の真髄《しんずい》だろう。

誰が何と言ったって、セールスチャンスは次のひと言からはじまるのだ。

「何か困っていることはありませんか?」

ときどき次のような人がいる。

「何か困っていることはありませんか？」と聞いたところで、何も答えてくれないし、人々はたいして困っていることなどないのだ、と。

残念な人だ。おそらくは、それを単なるトークテクニックとしか思っていないからだ。心からお客さまの役に立ちたいという「貢献マインド」が足りないのである。

問題は必ずある。それを引き出せないあなた自身に〝問題〟があるのではないだろうか。

仮に、あなたの力だけでは直接解決できない問題であったなら、そのときは、**あなたのネットワークをフルに使って有力な営業マンを紹介し、人から人へと「解決の輪」をつなげてあげたらいいだろう。**

いつでもどこでも「解決！　解決！　問題解決！」するんだと、その意識を強く持って活動していきたいものだ。

あなたが**ライバルに差をつける近道は、「解決への使者」となって尽力するのみ。**

そうなればもう、見込み顧客に困ることはなくなるに違いない。

03 営業術

やってはいけない！

製品を届ける

これで売れる！

想いを届ける

あなたはイチ営業マンである前に、ひとりの人間として、その企業のどこを見て選択し、入社してきたのだろうか。もちろん待遇面が大事であることはわかるが、それよりも大優先しなければならない「条件」があるはずだ。

その第一条件とは、「世の中の役に立つ」という〝社会的な価値〟が高い営業職かどうか。心から湧き上がるソーシャル・モチベーションを持てるかどうかである。

どれだけ雇用条件がよかろうと、どれだけオフィスが立派であろうと、どれだけ業績が好調な会社であろうと、目的が何事も「自社ファースト」であると感じたなら、即刻、転職したほうがいい。

どちらにせよ、ただ単に製品や商品をお届けするだけでは、疲弊していくだけだろう。長続きするわけもない。

「何のために働くのか」という意義のある営業職を、まずは選択することである。

私自身は無宗教・無宗派であるが、その熱心すぎる働きぶりを見る周囲の者たちから「早川教」の教祖様だと揶揄《やゆ》されることがある。

そんなときは「私の熱い想いが伝播《でんぱ》している証明だろう」と、褒め言葉として解釈しているが、**営業の原点は、まさにこの〝想い〟を伝える布教活動である**と思う。

自分は何のためにこの仕事をはじめて、何のために営業をしているのか、何のためにお客さまへ会いに行くのか。そして、何のために生まれてきて、何のために死んでいくのか。

それを真剣に伝え切れなければ、お客さまから選ばれ続けることはできない。

私の〝想い〞に対して、それは綺麗ごとだと鼻で笑う者がいたら、たとえそれがお客さまであろうと私は遠慮なく憤《いきどお》る。

自尊心を傷つけられた上に、それでも相手にへつらって頭を下げていると、ますます自分が惨めになっていくからだ。大切な「プライド」を捨てた瞬間に、自信も音を立てて崩れていくのだろう。自分を卑下《ひげ》した営業マンほど弱々しく頼りないものはない。

あなたの想いが本物ならば、心の歪んだ人や意地の悪い人でない限り、それをバカにしたりしない。**本物だからこそ、否定できないのである。**

あなたが逆の立場であってもそうなのではないだろうか。真剣な人は受け入れたくもなるし、応援したくなる。一方で、中途半端で軽薄《けいはく》な人はからかいたくなるし、ましてや、大きな買い物などを託すことはできない。

常にお客さまはあなたを観察している。そこに「理念」はあるのか、そこにインテグリティはあるのか。

本気で理念を貫く営業マンだけが売れ続ける。

自分自身を繰り返し洗脳していくことこそ、ブレない営業マンになる王道なのだ。

堂々と自信を持って営業に臨めるから、**行く先々で人々の共感を呼ぶことができる。すると、あなたを応援しようという協力者が現れ、ますますファンが増えていく。**

「布教営業活動」の結果として、飛躍的に契約者（＝信者）が増えれば、社内での評価も高まり出世していく。右肩上がりに収入も安定していき、社会的地位も向上していく。もちろん家族は大喜びで、あなたの株も上がっていく。そしてますます家庭内には笑顔があふれて止まらない。

こうしてあなたは、日々幸せを実感できるようになるのだ。

そう、まさに、信じる者は救われるのである。

04 営業術

やってはいけない！

いい人になって好感度を上げる

これで売れる！

嫌われてもわがままに踏み込む

いい人になって好感度を上げようと、「はいはい」と自分を殺して迎合《げいごう》し、お客さまの言いなりになる〝半奴隷〟的な営業マンは少なくない。

たとえば生命保険業界では、営業の入口が他業種と比べてとくに厳しい、と言われている。押し売りセールスをされるのではないかと警戒しているお客さまが多いからだ。

たいていのケースは煙たがられることからはじまるので、このストレスに抵抗を感じる嫌われたくない症候群《しょうこうぐん》が「後ろめたさ」を生み、迎合してしまうようだ。

しかし、そのように「嫌われたくない」と迎合すると、ことはうまく運ばなくなる。卑屈な媚びた態度は、お客さまに拒絶される要因になるからだ。「好かれたい」という自我を捨てなければ、本当の意味で好かれることはないのである。

拒絶が繰り返されると、心のなかには「メンタルブロック」という大きな壁が立ちはだかり、心は内向きに内向きになってしまう。そして、ますますお客さまが見えなくなるというわけだ。お客さまとこんな不自然な関係を続けながら営業成績を上げることは不可能だろう。

これに対して、トップセールスマンは堂々と自然体で「保険会社の人間が保険を売って何が悪い。肉屋が肉を売るように、本屋が本を売るように、保険を売るのは当たり前だ」と、世間のネガティブな反応など、何の抵抗も感じない。

たとえお客さまがいますぐに購入してくれなかったり、理不尽な振る舞いを受けたとしても、「まあ、それはよくあること」と、**ふたたびあと一歩踏み込んでいける。**その積み重ねこそが、やがて大きな成果へとつながっていくのだ。

営業マンとしての誇りを持ち、思うがままに自己主張していけば、ときにはお客さまからの強い反発に合うのは当然である。それらの食い違いを寛大な心で飄々《ひょうひょう》と受け止めて、お互いの「誤解のピース」を一つひとつ埋めていくのが、営業マンの醍醐味《だいごみ》ではないのか。

我慢することなく自分自身に正直な言動を繰り返し、**自分を好ましい人間に見せようとしないときにはじめて、お客さまから好かれるようになる。**

つまり、後ろめたさや心の葛藤、矛盾がない状態だ。そんなバランスの取れている状態の営業マンを、お客さまは好きになるのである。**お客さまは「わかりやすい営業マン」が好き**なのだ。

もうこれからは**「いい人」を演じることをやめること**。自分のなかの「いい人」を捨て、自分のなかの「いい人」を追い出してしまおうではないか。

あくまでも自然体で、正直に思っていることを伝え、その結果「嫌われてもかまわない」、そんな態度で接してほしい。

相手からの承認を得る努力をやめることで、逆に多くの承認を得ることができる。

だから、**わがままでいいのだ。もっともっとナチュラルで正直な〝大人のわがまま〟を押し通し、あと一歩踏み込むこと**である。

05

やってはいけない！

空気を読む

営業術 これで売れる！

自由奔放《じゆうほんぽう》にふるまう

営業マンだからといって、必要以上に、その場の空気を読むべきではない。

もちろん、お客さまや周囲への「気配り心配り」が大切だということを否定しているわけではない。

言うまでもなく、一定の配慮は必要なのだが、あまりにもビクビクと気を遣いすぎ、空気を壊さないよう壊さないようにと、自分を殺してはいないだろうか。

あなたはなぜ、いつも周囲の発言に歩調を合わせ、じっと我慢しているのか。

そんな消極的ともいえる控えめな姿勢は、知らず識らずのうちにじわじわと「営業マン魂」を蝕《むしば》んでいく。くれぐれも気をつけてほしい。

濁《にご》っている空気、澱《よど》んでいる空気、息苦しい空気のなかで暮らしていれば、それこそ、あなたの営業マン人生には「窒息死」の運命が待っている。


たとえば、お客さまとの1オン1の状況であっても、ワークショップや営業会議の場面であっても、懇親会の席であっても、スタンスは同じだ。

得てして「空気づくり」を周囲に委ねているときには、無責任な気持ちが働いている。

他人に責任を押しつけ、自分はリスクを負わないずるい生き方だ。

そう、**周囲に対する過度な配慮は、無責任な〝白紙委任《はくしいにん》〟なのである。**しかしそれでは、あまりにも情けないではないか。


どうか常に、空気をつくり出すのは「自分自身」であってほしい。

その場に風穴を開け、重い空気を入れ換えるのは、あなたの役目だ。

それは〝ファシリテーターシップ〟と言い換えてもいいのかもしれない。〝ファシリテーターシップ〟とは、その場のメンバーやお客さまに対し、**いま置かれた状況から「よい目的地」へと方向性を示してあげる能力**のことである。

いちいち同意を得る必要なんてない。

地図を大きく広げ、あなたの熱意でぐいぐい引っ張るのだ。

自ら率先して空気をつくってくれる人物に、人は引き寄せられる。だからそこに、お客さまも引き寄せられてくる。

であるにもかかわらず、あなた自身がじっと空気のように存在感を消してしまって、いったいどうするのか。

営業マンというのは、「目立ってなんぼ」である。

自己アピール力こそが、いわゆる営業力の真髄であろう。

周囲への過度な配慮もいらないし、空気も読んではいけない。自分自身が吸って〝おいしい〟と感じる空気をつくってほしい。

ＫＹだなんてすでに死語かもしれないが、いわゆる「いい意味でのＫＹ」でいいではないか。エゴイストな振る舞いに見られようとも、自分中心のおいしい空気を大切にしてほしい。

「自分は世界の中心で生きている」という圧倒的な想いで、遠慮を排除するべきだろう。

自由奔放に、「いい意味でのＫＹ」を極めた者だけが、幸せな営業マンの領域にまで昇りつめることができるのだ。

古い映画のタイトルよろしく、「世界の中心で、愛をさけぶ」のだ。そして、「世界の中心で〝Ｉ〟をさけぶ」のである。

06
営業術

やっては いけない！

甘い期待は抱かずに、最悪の結果に備える

これで 売れる！

先走って、都合のいい想像力を働かせる

商談前の段階で、「これがうまくいったら、理想的なんだけどねぇ……」と、こんな弱気なことを口にする営業マンがどれだけ多いことか。

「フラれても傷つかないように、甘い期待は抱かないでおく」というのだから、情けなくなってくる。

最悪の結果に備える、という潔い覚悟も悪くない。だがあまりにも、はじめからできないことが前提では、うまくいくことでさえも、うまく運ばなくなるのではないだろうか。

どんなに都合のいい想像を膨らませようと、あなたの勝手だし、私の勝手である。

しかし、ローパフォーマーは「理想のアプローチ」を心のスクリーンに描くことが苦手だ。ネガティブなイメージの牢獄《ろうごく》から、なかなか脱出することができないようである。

ではここで、そんな控え目で慎み深いあなたのために、とっておきの「フライング・イマジネーション」を伝授しておく。

たとえば、情報提供とニーズ喚起という営業のファースト・アプローチでは、セカンド・アプローチでヒアリングに成功しているシーンを。セカンド・アプローチでは、サード・アプローチでプレゼンや契約に成功しているシーンを――というように、先のステップを想像してみてほしい。

そうして**達成したいゴールの一つ先でも二つ先でも、いや、三つ先でさえもイメージできるようになると、すべてのステップがどんどんうまく運ぶ。**

ただフライングといっても、セールスプロセスには、一つひとつのステップに明確な「目的と意味」があるのだから、ガツガツと焦って商談を進めてしまうと逆効果だ。想像力は先走っても、アプローチのスキルは雑になってはいけない。

達成するのが当たり前すぎるくらいに当たり前、と自分勝手に都合のいいイメージを描くだけでいい。「売れる前に売れている」というゾーンに身を置くまで、想像に想像を重ねていくのだ。

すると、お客さまは磁石のように、**あなたの「当たり前の想像力」に吸い寄せられる。**まるで超能力者《エスパー》のように、思い通りうまく回りはじめるという、成功者なら誰でも味わったことのある「ゾーン体験」だ。


本題に入るときに、お客さまが前のめりになり、買う前提になっている状態が必要である。というより、そうなっていない限りセールスの本題に入ってはいけない。

お客さまだって私たちと同じひとりの人間。目の前の営業マンが疑ってかからずに信じ切っていることを、お客さまだからと言ってそれを拒否することは、大きなストレスになる。だから、無意識のうちにそのストレスを回避しようとするのだ。

つまり、「**いっそのこと受け入れてしまったほうが楽だ**」と考えるのである。

思い込みの強い人は売れ続ける。

「都合のよいイメージ」によって、頭のなかで一回はゴールを達成しているのだから、そこでの〃経験〃は現実の世界でのナビゲーターとして大いに役立つ。**頭のなかで予行練習した〃結果〃は現実の世界でもう一度達成される**のだ。要は、ゴールテープを切る達成感を二度味わうことになる。

そうなると、一度目の「都合よくイメージ」した達成感がどれほどリアルなものになるか、それが成功のカギを握る。

バーチャルな世界からリアルな世界へといざなう〃バーチャル・リアリティゾーン〃に身を置くまで、「フライング・イマジネーション」を繰り返してほしいものである。

07

営業術

やっては いけない！

徹底して自己流を貫く

これで 売れる！

憧れの人を模倣《もほう》する

ローパフォーマーに共通しているパーソナリティ、それは自己流を貫く「頑固者《がんこもの》」だ。自分のスタイルをなかなか変えることができない。自分なりに模索し、意地でもそれを継続するのだが、肝心の成果は右肩下がりのジリ貧である。

不思議なのは、それでもがんばること。がんばって勉強し、がんばって働き、がんばって継続する。そのあげくに、ますます悪いフォームを固めてしまうのだ。

私がどれだけ助言しても馬耳東風《ばじとうふう》。聞いたフリはしてくれるものの、変化することを嫌う。そう、**彼らは「意地っ張り」と「がんばり」をはき違えている。**

どんなに頭がよくて、どんなに弁が立ったとしても、革新的なアクションへと踏み出すことができないようだ。

生保業界で何千人ものプロフェッショナルたちと関わってきた私は、講演会の質疑応答で「成功できないタイプはどんな人ですか？」と聞かれることがある。

その質問には、次のように即答する。「ネガティブな頑固者」だと。

一方で、もっとも多く質問されるのは、「成功できるタイプはどんな人ですか？」だ。

その答えは「素直でポジティブな情熱家」である。

素直というのは単に従順という意味ではなく、肯定的《こうていてき》な思考を差し示す。ポジティブにもっと他の人から学ぼうとか、謙虚な気持ちで他の人のやり方を真似てみようとか、そんなスタンスを持つことが、ハイパフォーマーに変身するための近道なのだ。

とするなら、**あなたのまわりにいる「素直でポジティブな情熱家」を徹底して、模倣することだ。モデリングして演じ切るのである。**

成功している素直な情熱家を崇拝《すうはい》し、許す限りの時間を共に過ごし、あらゆる角度から模倣することをオススメしたい。いい意味でのストーカーになるのだ。

身だしなみ、しぐさ、言葉遣い、マナー、気遣い、挨拶の仕方など日常の言動をよく観察し、一挙手一投足《いっきょしゅいっとうそく》を真似してほしい。ぴったりと張りつき、ビジネス上での交流はもちろん、趣味・スポーツ・ボランティアなど、共通の活動ができたら最高だ。

時間を共にできない遠い存在であるなら、あなたの想像の世界でもかまわない。「あの人だったら、この場面で何をするだろうか」というように、**〝あの人〟を判断基準にして言動を決めていく**という手もある。

はじめはフェイクでもかまわない。首尾一貫して模倣を心がければ、未来のあなたは「営業成績の優秀な情熱家」へと変貌を遂げていくことになるだろう。

営業力アップは理屈ではない。「真似る感性」と「実行力」なのである。

反論もあるかもしれない。「これでは自分が自分でないようだ」「人の真似ばかりでは個性が死んでしまう」「もっと自分らしく生きたい」と。

しかし、〝自分らしく〟とはいったい何だろうか。

自分らしくローパフォーマンスの営業を貫くのもいいだろう。一生このままでよいのなら、どうぞお気に召すままに、である。どれだけ頑固一徹に生きようと、それはあなたの自由だ。私は何も困らない。

しかし、もはやいい加減に、自分ひとりの知識やスキルなどたかが知れているのだと、思い知ることである。

心配はいらない。

憧れのあの人の**完全なるコピペが終わったら、次なるは自己流へのアップグレード**だ。

発展的に進歩する独自性が大事であることは言うまでもない。オリジナルを超えるオリジナリティの追求こそが、飛躍的な成果と「本物の自己流」を生み出すのである。

08

営業術

やってはいけない！

「ピンチはチャンス」で楽観的に挑む

これで売れる！

「ピンチはピンチ」で悲観的に乗り切る

「営業なんて、まあなんとかなるさ」「楽観主義で挑もう」「ピンチのときこそ、最大のチャンスだ」という楽観的なプラス思考を否定する気はさらさらないし、そんな営業マンを、私は必ずしも嫌いではない。

深刻に悩み抜き「失敗したらどうしよう」とぐずぐず動けないよりは、よっぽどましだと思う。実際に、そのような楽観思考が、さまざまな局面で、私たちを救ってくれることもあるだろう。

そんな「なるとかなるさ」的な楽観主義で、ピンチをすいすいと乗り切ってしまう強者《つわもの》もいるにはいる。心の底からピンチがチャンスだと思える営業マンは、希少価値の高い〝変態〟であり、尊敬してやまない逸材だ。

だがはたして、そんな能天気なポジティブシンキング〝だけ〟で、営業の窮地を脱することができるのだろうか。

どうやら、一般の楽観的営業マンというのは**「やせ我慢」「思慮が浅い」「行き当たりばったり」の域を抜け切れていない**ようだ。

そんな「楽観パーソン」からは、ある共通点を見つけ出すことができる。

それは、彼らに行動が伴っていない、という致命的な欠陥である。

そう、楽観的な理想を唱え気分が高揚しているだけの「自己啓発マニア」には、**どこか〝本気さ〟が足りない。もっと言えば「嘘」がある。大きな夢や構想は語るが、小さな現実や課題を見ようとしない**のだ。

残念ながら彼らには、自分を成長させてくれる試練に対し、その問題点を客観的にデータ分析し、解決への具体的なアクションプランを実行するという習慣がない。

よって、そのように言行不一致《げんこうふいっち》なニセポジティブ人間の営業目標は、永遠に達成されないままだ。実践の伴わない気休めのパフォーマンスでは、一生かかっても営業成績は改善されないのである。

もし、いつも前向きなあなたがいま、壁にぶつかりスランプに悩んでいるなら、ここで一度、自分自身が**現実逃避している「ニセポジティブ人間」なのかどうか**疑ってみるといい。

正しい解釈だと信じているその超楽観的な主張というのは、問題を直視せず怠惰《たいだ》な生活に甘んじている自分に、おいしいエサを与えるただの大義名分にすぎないのではないか、と。

至極当然と言えば当然の結論になるが、「ピンチはやはりピンチ」なのである。

現場の最前線では、必ずしも楽観的で前向きな性格の営業マンばかりが活躍しているわけではない。むしろ注意深くストイックな〝悲観論者〟のほうが、高成績を持続しているケースは少なくないのだ。

一日も早く、口先だけの理想論からは何も生まれない、ということを自覚してほしい。

ニセポジティブの呪縛を解く方策とは、**「なんとかなるさ」という口癖を「必ずやる」に変え、現実的かつ具体的な解決プランを実行すること**、それ以外にないのである。

本物の楽観主義とは、現状に満足し、最低限の仕事で楽をすることではない。「楽しい」という感情は、高い目標をクリアしたり、難解な問題が解決してステージが上がったとき、達成感や充実感、そして感動と共に訪れるものだ。

よって、「楽しい」ではなく「楽しかった」が正しい。

決して、進行形にはならない。

本当の〝楽観〟というものは、忘れた頃になってやってくるのである。

第2章

やってはいけない「アプローチ」

09 営業術

やってはいけない！

誰にでも営業する

これで売れる！

お客さまを選ぶ

誰でも彼でも見境《みさかい》なく営業を仕掛ける積極的な営業マン。そんな彼らを端《はた》から眺めていると、その強靭な精神力には頭が下がる思いになる。当たって砕けても再び猪突猛進《ちょとつもうしん》する一生懸命な姿勢に、私は称賛を惜しまない。

だが、そんなまじめな営業マンほど、相次いで仕事を辞めている。疲れ切ったあげく、遅かれ早かれギブアップするのである。

そうはそうだろう、誰彼かまわずアプローチするのだから、数多くの拒絶に合うのは避けられない。そしてそれは耐え難いストレスとなり、挫折への道を歩み出すのだ。

たしかに「ストレス＝仕事」が現実なのかもしれない。営業職が忌み嫌われ、長続きしない職種のトップであることもまた、動かしがたい事実である。

たとえ彼ら営業マンが、どれだけ豊富な知識や優れたスキルを備えていたとしても、拒絶への恐怖心が、それらを機能停止にしてしまうのだ。

それでは、**いったいどのようにすれば、宝の持ち腐れとなっている「本来の実力」を再起動させることができるのだろうか。**

その答えは簡単だ。あなたの経験から考えてみればすぐに導き出せる。

そもそもなぜ営業マンは警戒され、拒絶されるのか、それを考えてみてほしい。

そう、正解は「営業するから」である。

お客さまが思い描く一般的な「営業マン像」というのは、一方的に〝売り込む人〟のことだと考えていい。であるなら、「単なる売り込みにやって来たわけじゃない」と強調すれば警戒されないことになる。

はじめはガツガツせずに、「攻撃するための武器は持ってきてませんよ」と両手を広げ、お客さまの警戒心を解くことだ。

「今日は買ってもらおうなんて思っていませんから！　いやーいやー、まさか売り込むわけないでしょ！　営業マンじゃあるまいし！」と、余裕綽々《よゆうしゃくしゃく》の態度をとればいい。このように接して営業色を弱めれば、お客さまの拒絶（誤解）を和らげることができる。

欠けているのは、**「お客さまをこちらから選ぶ」というプライドある姿勢だ。お互いに選ぶ権利がある、**ということを忘れてはならない。

お客さまをこちらから先にフッてしまえば傷つかないで済む。会う前から失敗に怯える必要もなくなるのではないだろうか。

だからあなたも〝まるで営業マン〟のように、安っぽく「誰でもいいから何か買ってください」という八方美人《はっぽうびじん》な営業マンであってはいけない。

誇り高き人格を持ったあなたに対し〝まるで営業マン〟のように見下した態度で粗末に扱うような人に、決して頭を下げてはいけないのだ。

あなたをひとりの人間として認め、対峙してくれる人格者を、お客さまとして選ぶことである。

とはいえ、**あくまでも「いまは売らない」のであって、この先ずっと売らないわけではない。**この解釈を履き違えると、売りたいと思う人に対しても一生売れないままの営業マンに成り下がってしまうから要注意だ。

心に秘めたゴールを見失うことなく、次のように伝え切ろう。

「**ただ、ご希望があれば喜んで提案させていただきます**」と。

〝ご希望があれば〟という、お客さまの意向に従うことを前提にすれば、次のステージへ進むことができる。

こちら側にも〝希望〟が生まれる、というものである。

10

営業術

やってはいけない！

説得してアポを取る

これで売れる！

第三者の影響力でアポを取る

当然、お客さまと会う理由のひとつ＝最大の目的は「営業の話」をすることである。

しかし、ただ営業する目的を告げるだけでは、ガチャ切りなどの拒絶がストレスとなり、「テレアポ恐怖症」というメンタルブロックを起こしかねない。

そうはいってもアポイントを取らなければ先へ進めない。とにかくやるしかないと、がんばって説得して、お願いして、食い下がって、強引にアポイントを取ったところで、結局、キャンセルされたり居留守《いるす》を使われたりするのがオチだろう。

ではここで、シンプルな改善策を提案したい。

まずは、本来の営業目的とは別に「会いたい理由をもうひとつ」設定し、お客さまの警戒心を和らげることができれば、アポイントの成功率は格段に高まる。

「最近ゴルフをはじめたのですが、ゴルフの上手な〇〇さんに教えてほしいことがある」

「海外旅行を計画しているのですが、外国通の〇〇さんに聞きたいことがある」

「手づくりのケーキを焼いてみたのですが、スイーツの好きな〇〇さんに、ぜひ味見してほしい」

などといった**営業とは無関係のカジュアルな理由をもうひとつ設定**すればいい。

もうひとつの「会いたい理由」を設定し、それを先に提案すれば、お客さまからの拒絶のブロックも、自らのメンタルブロックも、まずは〝壁をひとつ〟乗り越えることができる。

とはいえ、それだけの理由では**約束に重みがないので、お客さまに「メリットのある情報提供」をする**ことが目的であることも加えて、強調しなければいけない。

その際、心理学で言うところの**〝第三者の影響力〟を利用して、興味・関心を持ってもらうこと**だ。

具体的には、「○○さんのような△△の方々に」という切り出しから、さらに「大変役に立ったと喜ばれているお話なんです」と続ける。

「○○さんのような不動産業界の方々に……」
「○○さんのような経営者の方々に……」
「○○さんのような主婦の方々に……」
「○○さんのような30代の方々に……」
「○○さんのような公務員の方々に……」

というように、**そのお客さまと似たような属性の人たちが皆「大変喜んでいる」「大変**

役に立っている」のであれば、「もしかすると自分にも役に立つかな」と考えてもらえる。

このような「2つの目的」を設定するだけで、貴重な時間を費やすに値することに加え、楽しさや気軽さも伝わる。

何よりも、お客さまと会ったとき、肝心の「営業の話」を切り出しやすい。

目的を曖昧《あいまい》にしたままで、営業のアプローチに入ろうとすると「嫌な空気」が流れることがあるからだ。

お客さまからすれば「だまされた」という気になるのも無理はない。裏切られた相手は、心のなかで警戒警報のサイレンを鳴らす。それを察知したあなたは、それ以上踏み込む勇気が持てず、気まずい空気のまま玉砕していくのである。

どうかあなたも「目的を2つ」提示する〝断られないアポ取り〟へと、転換を図ってみたらどうだろうか。

11

営業術

やってはいけない！

相手に合わせて日時を決める

これで売れる！

自分の都合で勝手に決める

ヘタクソなアポ取りの典型パターン、それは「いつ頃がご都合よろしいですか？」という問いかけだ。

私はそのトークを小耳に挟むたび、「アホか！」と叫んで頭を掻きむしりたくなる衝動に駆られる。相手の都合に合わせていったいどうするのか。

お客さまはそれほど忙しくない。だが、それほど暇でもない。相手の都合に合わせていたら「忙しいので、またにして」と、曖昧に逃げ切られてしまう。

所詮《しょせん》「優先順位の低い営業の話」に対し、わざわざ時間を割《さ》いてくれるのは、暇を持て余している高齢者か、あなたに借りがある知人・友人くらいのものだ。

悪いことは言わない。金輪際《こんりんざい》、**相手の都合を確認するのをやめることだ。自分の手帳を見て、最短の予定から空白を埋めてほしい。**

なぜ、明日も明後日もアポイント・ゼロであるという緊急事態なのに、「来週か再来週くらいで、どこかお時間をいただけませんでしょうか？」などと、極楽とんぼな問いかけをしてしまうのか。弱腰にもほどがある。

あなたと会うことは相手にとってロスなのだろうか。いや、違うだろう。どんな用事よりも、あなたのアポイントのほうが有益な時間になるという確信を持ってほしい。

ではいったい、具体的にどうやってアポイントを取ればよいのだろうか。

その対策は至極簡単、**「二者択一」で候補日時を提示する「ダブルバインド法」で最短のアポを取ればいい。**

これは「水曜日の午前11時と金曜日の午後3時でしたら、どちらがよろしいですか？」

と、2つの日時に限定してアポイントを決めるだけなのだが、意外と多くの人が実行できないでいる。

どうやら「まだ相手が会うかどうか承諾してくれていないのに、どちらがいいですか、という問いかけは文法上おかしい」というのが、実行しない理由らしい。

なるほど、その通りだ。

そう、**じつはその通りであるからこそ効果的**なのである。

たとえば知人と居酒屋で飲んでいるときに、「もう一軒、行きますか？　行きませんか？」どうしますか？」と聞かれたら、「うーん、じゃ、今日は帰ります」と答えやすい。

しかし「次はカラオケに行きますか？　それともワインバーでもう一杯飲みますか？　どちらにしますか？」と聞かれれば、ついつい「じゃ、ワインバーで」と答えてしまうものだ。

「行きますか？　行きませんか？」という問いかけは、文法上「行きません」と答えやすい。一方「どちらがいいですか？」という問いかけには、文法上「行きません」と答えるのは違和感があるし、言いづらい。
どちらかを答えるのが自然な会話の流れなのである。

もしも「両日とも仕事が忙しくてダメなんですよ～」と言われたら、その瞬間に相手はあなたと会うことを承諾したのも同然なのだから、喜んだ声を出して「ありがとうございます。では、水曜日の夜と土日でしたら、どちらがよろしいですか？」と聞き直せばいい。

二者択一、二者択一で絞り込んでいく「二重拘束」を繰り返し、堂々と「ここ」と「ここ」しか予定は空いていない、と指定していくべきだ。

はなから「会うか・会わないか」を決めるために電話しているのではない。**「いつどこで会うか」を決めるために電話している**のだと思ってほしい。

誰が何と言おうと、会うことはすでに決まっているのだから。

12 営業術

やっては いけない！

商品を売る

これで 売れる！

売り方を売る

ダメな営業マンほど、「商品ありき」からなかなか抜け出せない。

そのなかには商品に精通《せいつう》したエキスパートと呼ばれるほどの営業マンもいるのだが、意外にも、結果を見れば散々だ。

念のため確認しておこう。

もしあなたが、商品内容を言葉巧みに説明するだけでモノが売れ続けると思っているとしたら、失礼ながら、まだまだ二流の営業マンであると言うしかない。

たしかに、その道のプロを標榜《ひょうぼう》するなら、主力商品を正確に解説できることは必須だが、それはあくまで営業マンとしての〝最低限の仕事〟なのであって、決して大きな武器にはならない。

「歩くトリセツ」と呼ばれるほどに、商品の取扱説明書を完璧にマスターしたからと言って、残念ながら、それだけで売れ続ける営業マンにはなれないのだ。

もし「いい商品ならもっと売れるのに……」と嘆《なげ》いている営業マンであるなら最悪だ。いい商品なら誰だって売れる。そもそも黙っても売れる商品であるなら、営業マンなんていらないではないか。

だから言っておくが、くれぐれも勘違いしないでほしい。

あなたは商品を売るのではない。〝売り方〟を売るのである。

要するに、お客さまへの一連のセールスプロセスである「①サプライズ→②気づき→③興味→④理解→⑤納得→⑥感激→⑦感謝」という一つひとつの過程を丁寧にしっかりと、そして、１ステップとして省くことなく進めていくべきなのだ。

お客さまはあなたのトークに、

①「ええっ～！」と驚き
②「あっ！　そうか！」と気づかされ
③「へー、ふむふむ」と関心を持ちはじめ
④「ほっほ～！」と膝を叩き
⑤「なるほど～！」と腹に落ち
⑥「素晴らしい！」と涙ぐみ
⑦「ありがとう」と握手を求める

このようにして、**「ニーズ喚起セールスプロセス」の7ステップを正しく進める〝売り方〟を売るからこそ、成約率が高まり、リピーターが増え、紹介顧客が広がっていく**のだ。

いきなり〝商品売り〟をするような、そんな手抜き営業をしているようでは、いつまで経っても「御用聞き」「押し売り」「○○屋さん」という見下されたレッテルを貼られたままだ。自らの職業に誇りなど持てるはずがない。
いまこそ、私たち営業マンのステータスを上げる絶好の転機ではないのか。
〝売り方〟を売ることで、

「こんな営業マンとは、いままで出会えなかった」
「あなたにずっと営業担当でいてほしい」
「このような話なら、ぜひ大切な友人にも紹介したい」

などという身に余る褒め言葉を聞くことができる。しかも、毎度毎度である。
だからどうか、焦らないでほしい。商品は売り込むものではない。欲しくて欲しくてたまらなくなったお客さまに対し、**そっと「教えてあげる」だけでいい**のである。

13 営業術

やってはいけない！

あざとくニーズ喚起しようとする

これで売れる！

お客さま自らが不平・不満に気づく

あざとい営業が流行っているようだ。

お客さまに購買意欲を起こさせようと、小手先のニーズ喚起に走っている。そんな見え見えテクニックなど、お客さまにとってはお見通しである。

たとえば、明日の死など考えることのない若者に生命保険を勧める営業などは、その顕著な例だ。

「〇〇生命に加入されているのですか？　あそこの営業マンはあまり評判がよくないです

よね。レベルが低いのでちゃんと説明されてないんじゃないですか？　フォローとか適当なんじゃないですか？　きっとサービスも悪いですよね。大丈夫ですか？」

と、営業マンのほうから無理やりに「不満・不安」を押しつけると、

「まあ別に、そんなでもないですよ。しっかりとした営業担当者ですし、一年に一回は、挨拶《あいさつ》に来てくれるし……とくに困ってることはないですよ」

このように、お客さまはバリアを張り、潜在ニーズは喚起されない。そもそも、他社の誹謗中傷《ひぼうちゅうしょう》など言語道断だ。かえって信用されないだろう。

したがって、**「不満・不安」を決して押しつけることなく、お客さま〝自ら〟が不平・不満に気づいてくれるようなアプローチが必要になる。**

よって、次のようなトークに修正してほしい。

「○○生命に加入されているのでしたら、もう安心ですよね。○○生命は優良企業ですし、その会社の営業マンはレベルが高いですから、知識も豊富で満足されてるんじゃないですか？　きっとフォローやサービスも行き届いてますよね？　営業担当者は、いまでも頻繁に連絡をくれるんでしょう？」

「いや〜、じつはそうでもないんですよ」

「へぇー、意外ですね〜……と、おっしゃいますと？」

「強引に勧められて契約したのはいいんですけど、それっきりフォローは悪いですし、一年に一回カレンダーを持って来るだけですよ。先日、入院したときにも連絡したのに、レスポンスも遅くて……」


このように、**褒めれば褒めるほど、お客さまは逆にネガティブな反応をはじめる**ようになっている。ここからはもう、「へぇー、それで、それで」「へぇー、それから、それから」と、不平・不満・不安・文句・要望などを傾聴《けいちょう》していくだけでよい。

じつは、とことん褒めれば褒めるほど、お客さまは「謙遜」というベールを被った「本音」を話してくれるもの。そして、お客さまは話せば話すほど、自らの不平・不満に気づく。**自身の言葉によってニーズが「顕在化」していく**のである。

北風のようなネガティブトークよりも、太陽のような暖かい褒め言葉を投げかけ、やがて相手が「建前」というコートや「猜疑心《さいぎしん》」というセーター、「虚栄《きょえい》」というシャツを脱ぎ出すそのときまで、ひたすら褒め続けることである。

お客さまが不満・不安に気づかないままニーズが「潜在化」しているケースの営業には、心の裏側にまで寄り添う繊細なアプローチが必要だ。

お客さまは「現状に不平・不満」を感じたその瞬間「**それを解決したい」と心から願う。**

そして「買いたい」という欲求が生まれる。

この当たり前の原理原則が理解できていない限り、一生何も売れない。

14 営業術

やってはいけない！

提案内容に興味を持たせる

これで売れる！

お客さまとその家族に興味を持つ

「さあ、ここぞのプレゼン命」という営業マンは少なくないだろう。入念に提案内容の準備をし、詳細にわたるまでチェックに余念がなく、お客さまに興味を持ってもらおうと必死になってロールプレイも繰り返す。その意気込みたるや、鬼気迫《ききせま》るものがある。

ただ、その大好きなプレゼンをはじめる以前に、忘れずに実施しておかなければならない大切なステップがあるのだが、あなたは大丈夫だろうか。

そう、それは時間と労力をたっぷりかけた「**ヒアリング**」だ。この段階でこそ、あなたの〝インタビュアー〟としての手腕が問われる。

「そんなこと、ちゃんとやってますよー」というあなたの声が聞こえてきそうだ。

しかしヒアリングの中身はどうだろうか。いかにも自社製品をプレゼンするために必要な情報を聞き出す手段＝「取り調べ」になっていないか、いま一度、振り返ってみてほしいものだ。

とくに、お客さまのファミリーについては入念にヒアリングをおこなうことである。

よほど複雑な家庭の事情を抱えていない限り、家族の話を嫌うお客さまはまずいない。

むしろ楽しそうに顔をくしゃくしゃにして話してくれるお客さまがほとんどだ。

たとえば生命保険の営業であれば、最適なご提案をするために家族の情報を入手しておきたいというこちら側の思惑《おもわく》も、あるにはある。

だがそれより、**お客さまの人生にとって何より大切な〝宝もの〟に気づいてもらいつつ、距離感を縮めるのが一番の狙いなのだ。**

これは、家、車、金融といった個人営業に限らず、企業担当者への法人営業であったとしても同様だ。**家族の話題はオールマイティに効果的**である。

独身であっても、実家のご両親のことについて聞くことができれば、その人なりの〝ヒストリー〟が見えてくる。

もちろん、お子さまがいるお客さまならば、とことん深掘りしたいところだ。スマホに保存してある写真は、おそらく1枚や2枚ではない。数百枚、数千枚という人もいるに違いない。許される限りの写真を拝見し、「素敵ですねぇ」「幸せそうですねぇ」「赤ちゃんは女の子ですか？」などと、質問攻勢をかけるこの局面において、まったく遠慮はいらない。

人によって照れ臭さの度合いは違うとしても、親として悪い気はしないはずだ。恥ずかしながら、三姉妹の父親である私も〝見せたい族〟のひとりである。

それらの**家族写真をきっかけに、根掘《ねほ》り葉掘《はほ》り2時間ほどヒアリングしていきたい。**

家族構成、それぞれの生年月日、名前の由来、部活動、お稽古《けいこ》ごと、得意な学科、進路、趣味、スポーツ、血液型、マイホーム、結婚記念日、将来の夢、どんな子どもに育ってほしいのか、などの基本情報にはじまり、お客さまが興味・関心を持っていることすべてに、あなた自身も興味・関心を持ってほしい。

決してパフォーマンスではなく、本気で目の前のひとりの人間と、その人の家族、そしてその人の「人生」に心を傾けてほしい。

人というのは、**自分自身に興味・関心を持ってくれた人になら、興味・関心を持って心を開いてくれる**ものである。

提案内容に興味を持たせようと思うその前に、とことんお客さまとその家族に興味を持ってみようではないか。

15 営業術

やってはいけない！

特徴や優位性を売り込む

これで売れる！

価値や意味を売り込む

営業という職業とは、商品の特徴や優位性を説明し、お客さまがほしいものを販売する単純な〝作業〟だと思い込みがちだ。

だがそれでは、仕事がマンネリ化し、やりがいを楽しめなくなっていくだけ。だいたいそんな仕事、おもしろくもなんともないし、売れ方も限定的でしかないだろう。

たとえば、キャンピングカーを定年後の初老夫婦に売り込むとする。

そのお客さまご夫婦に対し、車に装備されているキッチンなどの利便性やマシンの馬力などの機能性をいくら訴えたところで、本当の満足感は得られない。

お客さまご夫婦は、人生の晩年に夫婦水いらずで日本中を旅しようというのだから、きっと熟年の愛を育みながらお互いに感謝の気持ちを噛みしめ、素敵な思い出をたくさんつくりたいと思っているはずだ。

さすれば、列車や飛行機の旅では体験できないキャンピングカーだからこその「価値」を伝えるのが営業マンの役割だ。

窓から見える大自然の風景、大地を共に走る爽快感、アウトドアだからこその〝生きている感〟など、まさに**「人生の思い出」の一ページ一ページを丹念《たんねん》に売っていく**のである。

営業マンが売るものは「機能」ではなく「価値」であることを忘れてはならない。

だからといって、価値の押し売りはナンセンスだ。

あなたがこだわっている商品やプランニングが、お客さまにとっても重要であれば、正真正銘、立派な「価値」になるが、もしそれが食い違えば「価値」にならない。

もちろん価値を決めるのは、お客さま自身だ。

「お客さまにとっての価値」が価値なのであって、営業マンであるあなたにとっての価値は、お客さまにとっては関心のないガラクタ同然になる可能性もつきまとう。

価値の数は、お客さまの数だけ存在する。人の数だけあるのだ。一人ひとりのお客さまが何通りもの価値を求めているとするなら、営業マンが扱う商品やサービスは、それが掛け算され、無限大になる。

したがって営業活動が単調になることなど、あり得ない。

バラエティー感覚あふれる楽しい日々となるはずだ。

健康、家族、趣味、お金、時間、恋愛、知識、人間関係など、大切にしている価値観はそれぞれ異なっている。出世、名誉、独立心、世界平和、幸福感、達成感なども人それぞれだろう。

そして、一つひとつの価値は大きく膨らむ。なぜなら、**機能としての価値は変わらない**

が、「意味」としての価値は大きく変わるからだ。あなた次第で無限大に膨らませることもできる。

本当の「価値の価値」に気づいた営業マンだけが「勝ち（価値）組」になれるのだ。

私たち営業マンは、お客さまの人生の目的実現に役立つ値打ちのある商品を提供し、大満足で購入されることをゴールと定めなければならない。

営業マンとは、**愛を売り、感動を売り、大きな夢を売り、そして「人生を売る」尊い仕事**なのだ。

だからそう、私には明快な答えがある。**営業はエンターテインメントであり、営業はアートであり、営業はマジックなのである。**

16 営業術

やってはいけない！

価格の安売りで勝負する

これで売れる！

担当者の付加価値でコストパフォーマンスを上げる

「ライバル社に商品で勝ったとしても、いずれ商品でひっくり返される」とは、大昔からよく言われてきたセオリーだ。

商品の優位性でしか勝負できない営業マンは、商品開発への不平不満ばかりを嘆き、成績がブレまくる。そう、自分ではどうにもならない性能の優劣や不毛な価格競争に翻弄され、伸び悩み、やがては行き詰る。

彼らの言い訳はいつも決まって「商品のせい」のオンパレードである。

しかし、いつまでも商品に頼ってばかりでは、実力がついていかない。スキルアップは望めないし、人間力は枯れていくだけだ。いつまで経っても〝御用聞き〟の域を出ることはできないだろう。

「商品力の強いメーカーほど〝営業力〟が弱い」という定説は、営業の世界ではもはや常識中の常識だ。それはそうだろう。どこよりも安くて、どこよりも最先端で性能がよく、どこよりもオリジナリティがあって、誰からも人気のあるモデルだったら、そんなものはロボットでも売れる。というか、そもそも営業する必要なんてない。

たしかに商品の差に有利不利があることは否めないし、商品力というのは大きなアドバンテージとなるにはなるが、それは絶対ではないのだ。

時代による流行りすたりにも左右されず、他社のブランド力や価格設定に影響を受けることもなく、常に営業成績を上げ続けたいと思うならば、「自分自身を最高の商品」として買ってもらうことに尽きる。

要するに、**自分という〝付加価値〟をどれだけ高く売るかにかかっている。「情熱」を売り、「信頼」を売り、「人間力」を売る**のだ。

たとえば、生命保険という商品の場合、勝手に値引きなどできない。そんなことをしようものなら、「特別利益の提供」という保険業法違反として厳しく処罰される。

しかも一般的に保障内容は一長一短、価格に大きな差がつきにくく、車や家のようにカタチが見えないから、世界でもっとも営業するのが難しい商品であると、巷《ちまた》で言われている所以《ゆえん》である。

「心を傾けて聴く」「寄り添って共感する」「熱い思いを伝える」という姿勢がより一層求められる。

警戒しているお客さまをリラックスさせ、あっと言わせるサプライズな情報を提供しなければならない。そして顕在化されていない潜在ニーズを心の底から引っ張り出し、お客さまの口から「こんな話、はじめて！」という言葉をもらえるまで、人生を語り合い、家族愛を分かち合い、徹底的に自分という「人間を売る」のだ。

そうして「あなたに任せたい」と思わせることができれば、所詮、**商品自体のよし悪しや価格などは、単なる最終チェックにすぎなくなる。担当者の〝付加価値〟が高ければ高**

いほど、コストパフォーマンスは上がっていき、お客さまの行列は永遠に続いていく。

唯一無二の最高の商品、それは「あなた」なのである。

どうにもならない商品性に頼ってばかりで苦労するくらいなら、無限に優位性を磨くことのできる「自分自身」を育て、それを武器に使ったほうが確実に近道だろう。

自分自身という最高の「特約」や「オプション」がついている商品はどこにも売っていない、という気構えを持つことである。それはどこを探したって見つからない。どこに行っても買えない。それほどに希少価値があると信じてほしい。

なんと言っても、**あなた自身が放つサービスは〝無料〟だ。**プレゼンの締めくくりに、冗談交じりでもいいから、こう聞いてみるといい。

「〝私〟という無料の特約が付加できるのですが、つけますか？　つけませんか？　どうしますか？」と。

もしもそこで「必要ありません」と言われたら、もうおしまいである。

17 営業術

やってはいけない！

お客さまの言うことは何でも聞く

これで売れる！

「できません」と断る

いとも簡単にお客さまの申し出を「安請け合い」してしまう、というのも軟弱な営業マンの特徴のひとつである。

とにかく、お客さまは神様であり、その要望は絶対であり、逆らうことなどあり得ないとばかり、何でもかんでも請け負ってしまうわけだ。

しかし、結局その行為は、自分で自分の首を絞めることになっていく。ゆくゆくは最悪の展開を招くことにもなりかねない。

値引き交渉、納期調整、返品依頼、商品開発、バックマージン、過剰なサービスの要求、稟議書《りんぎしょ》の申請などなど。

きっとあなたにも苦い経験があろうことは、容易に想像できる。

「できないことは、逆立ちしたってできない」とわかっているはずなのに、その場しのぎで調子のいい受け答えを続け、あげくの果てに「約束を守らない無責任な営業マン」とか「信頼できない無能な営業マン」という烙印を押されてしまうのである。

仮に、**かなり無理をすれば要望に応えられるとしても、周囲をも巻き込んで相当の時間と労力を注ぎ込み、利益が出ない**、というケースも起こり得る。

そこまでしても、お客さまからは仕事が遅いだの、金額が割高だのと文句を言われるケースもある。

できる限りの要望に応えようとがんばったところで、まったく割に合わない。

そんな非効率・不採算であることなど、わかっちゃいるのに、人のいいあなたは、お客さまの要望を断ることができないのだ。

ここでもまた「お客さま第一主義」「顧客本位」「満足度向上」というスローガンを勘違いしているのである。

できないことははっきり「できません」と言える〝肝の据った営業マン〟こそが、本当の意味で、お客さまとの信頼関係を大事にしている人である。

決してお客さまは神様ではない。あなたも神様ではない。

お互いに不完全な人間同士なのだ。しつこいようだが、対等の関係なのである。

さらに「安請け合い」がエスカレートしていけば、あなたの断われない弱さが、コンプライアンス違反などの不祥事をも引き起こす可能性を秘めている。

「それくらいいいよね?」という悪魔の問いかけに対し、「あっ、は、はい、た、たぶん大丈夫です……」という不適切な対応でお茶を濁す。

威圧的にルールを逸脱した要求をしてくるお客さまは、もはやお客さまではない、と思ったほうがいいだろう。

ダーティーな魔の手は、「心の弱さ」につけ込んでくるのが常套手段《じょうとうしゅだん》だ。悪魔は弱気が大好物なのだ。鼻がよく効くのである。くれぐれも気をつけてほしい。

あなたに悪気はないのはわかっている。しかし、常に安易な選択（不正）に流されてしまうリスクと背中合わせである自覚も必要だ。

どんなに成績が低迷し悩んでいようとも、どんなに見込み客に困っていようとも、正しい〝選択〟をおこなわなければならない。

さあ、まずは、断わり文句を反復練習しようではないか。

あなたの身を守ってくれるのは、「できません」のひと言なのである。

第3章

やってはいけない「トークスキル」

18
営業術

やってはいけない！

反対処理で論破する

これで売れる！

拒絶や反対意見を喜ぶ

営業の世界において、拒絶、反対、反論、断りは定番のセットメニューだ。

よって、前向きなあなたは、「すべての拒絶は挨拶みたいなものだ、反対なんて単なる質問だ」という解釈に変換させ、自分を奮い立たせていることだろう。

いやはや、さすがである。そこがスタート地点なんだと覚悟を決めているあなたは勇猛《ゆうもう》果敢《かかん》、何とか喰い下がって、反論に対する反論を試みるはずだ。

それはそうだ、あなたを追い返す「口実」という名の嘘の反論に対し、初回訪問でスゴスゴ逃げ帰っているようでは、まったく営業にならない。「簡単にあきらめてなるものか」という、その粘り腰の姿勢は買おう。

だいたいの反論パターンというのは、「もう間に合っている」「お金に余裕がない」「忙しいのでまた今度にして」「自分には決める権限がない」「知り合いに任せている」「○○には興味がない」とまあ、せいぜいこの程度だろうから、あなたはあらかじめ応酬話法《おうしゅうわほう》のトーク集を頭に叩き込み、お客さまの反対意見を完膚なきまでに論破してしまうことになるに違いない。

さてと、その結果はどうだろうか。おそらく、多くのお客さまに受け入れてもらうことはできまい。俗にいう議論に勝って勝負に負ける、というお粗末な展開だ。凡庸《ぼんよう》なほとんどの営業マンは、いまだにこの繰り返しをやっている。

ではここで、そんなあなたのために魔法の反論処理を伝授しておきたい。

その前にまずは、反論に対しすぐに反論で切り返す癖を直さなければいけない。

なぜなら、あなたがどれだけ正論を振りかざし説得にかかったところで、主張を全否定されたお客さまは、機嫌を損ねるだけだからだ。

これは鉄則中の鉄則。やはり、いきなり論破したりせず、「ですよね」「やっぱりそうですよね」「そのお気持ち、わかります」と、反論を肯定してあげることである。

お客さまの反論はすべて賞賛し、喜んで受け入れる度量が必要だ。

どんなに理不尽な暴言でも、ググッと飲み込むこと。**飲み込めば飲み込むほど、魔法の反論処理が威力を増していく。**まったく意に介さない寛大な心で、「断られたなんて思っていませんよ〜」という笑顔をつくってほしい。そんな余裕のある態度が「撃退しようとしたお客さま」との**気まずさを和らげ、互いの距離を友好的に縮めていく**のだ。

そして「あっ！」という感嘆詞《かんたんし》を挿《はさ》み、次に「ちょうどよかった！」と言って手を叩いてほしい。

この「あっ！　ちょうどよかった！」こそが、魔法の反論処理の号砲だ。

そのまま間髪容れず、続けてほしい。「『お金がない』という方々に、大変役立ったと喜んでもらっているお話なんですよ」と。

「忙しい」「興味がない」など、どのような反論に対しても、すべて「『〇〇〇』という方々に〜」というパターンで同じように切り返せばいい。

まだあなたは購入を勧めたわけでも何でもない。「まずは役に立つ情報提供のテーブルに着きましょう」という提案なのだから、お客さまの反論がそもそも早とちりなのだ。この善意の解釈と魔法の反論処理をもってすれば、断る理由などひとつもなくなる。

お客さまには「押し売りされたくない」という防衛本能が働いている。素直に受け入れてその気にさせてしまうと、後々断りにくくなる。そうなる前に、反論という予防線をあらかじめ張っておいて、それを**余裕綽々な笑顔で受け入れてくれた営業マンにだけは「商談を先に進めてオーケー」という合格チケットを1枚ずつ発行してくれる。**

にもかかわらず、反論を受け入れずに封じ込め、チケットを持たないまま、セールスプロセスの列車に乗ろうとするから、途中で降ろされてしまうのだ。

反論を一つひとつ「あっ！　ちょうどよかった！」と受け入れてあげることができれば、終着駅行きのチケットが1枚1枚発行されていくことになり、そのたびに、契約という終着駅（ゴール）へと近づいていくのである。

19 営業術

やってはいけない！

相手の話を聞く

これで売れる！

自分のことをしゃべる

私は現在も、生命保険会社の本社部門において、現役営業マンを中途採用するための面接官を務めている。

その最終面接では、必ず営業のファースト・アプローチのロールプレイを披露してもらうことにしているのだが、たいていはインパクト不足だ。中途半端で未熟なトークを延々と披露してくれる。その間、私たち面接官は退屈で眠くなり、あくびをかみ殺すのに必死である。

たとえば、**何千人という候補者に実施してもらったなかでもっとも多かったのは、簡単**

な挨拶がすんだらすぐに、あれこれとヒアリングがはじまるパターンだ。

そう、「痛い営業マン」がやってしまう失敗の代表例は、名刺交換をした途端、矢継ぎ早に「質問攻め」にするか、または、「会社や商品の説明」をしゃべり出すか、どちらかなのである。

はあ、もういい加減に勘弁してほしい。

そんな一方的な面白くもないアプローチで、お客さまはもう一度「あなたに会いたい」と感じるだろうか。

いやいや、会いたいどころか、何も関心を示さないか、むしろ悪い印象しか残らず、再度、連絡したところで「どこのどなたさまでしたっけ?」「あなたの話には興味がありません、セールスは結構です」といった辛辣《しんらつ》な対応で終わるのがせいぜいだ。

それなのに、どうやら世の中の営業マンというのは、「聴くこと」が効果的なセールステクニックだと勘違いし、「ニーズを探り出すこと」に躍起《やっき》なようである。

もちろん、しゃべりすぎないように傾聴力が大切なことは、基本中の基本ではあるのだが、その前にもっと大事なことを忘れていないだろうか。

それは、**あなたの自己開示**だ。オープンマインドである。

あなたがいったい「何者」なのか、しっかりと相手に伝え切ること。根掘り葉掘りの質問を繰り出すのは、その後でも遅くない。

名刺を渡しただけで自分のすべてを理解してもらえるとは、まさか思っていないだろうが、あまりにもビジネスライクすぎる。事務的と言ってもいい。無味乾燥《むみかんそう》、寒々とした、味もそっけもない、情感に乏しい、毒にも薬にもならない、そんな閉ざされた感覚だ。

解決策はもはや明白、**あなたが「まず先に」心を開くこと**である。

要するに、お客さまとの距離を縮め、安心してもらえるような「自己紹介」を披露しろということだ。

あなたがいったいどこのどいつで、どんな素性《すじょう》の者なのか、パーソナリティやキャラクター、おもな経歴や活動の目的など、きっとあなたの人生にも、それなりの〝物語〟があるはずだ。

そんな**あなたの「マイストーリー（プロフィール）」を開示する**のである。

個性を短くまとめたキャッチフレーズ、生い立ちや育った家庭環境、出身地・出身校、学生時代からの夢、愛する家族への深い思いやエピソード、心血《しんけつ》を注いできたスポーツ、ユニークな趣味や特技、崇高な理念やビジョン、揺るぎのないミッションや信条、人生に影響を与えた座右の銘、「なぜ、いまの仕事をはじめたのか」など、インパクトのある自己開示をしてほしい。

さらには視覚にも訴えるように、写真入りのプロフィールシートやPC端末を開いて、身の上をオープンにしていくと、ますます距離が縮まっていくことだろう。

あなたが先に心を開けば、お客さまの心も開いていく。必ずや、その先の道も開けるに違いない。

20 営業術

やっては いけない！

お世辞を言う

これで 売れる！

質問しながら褒める

歯の浮くようなお世辞が効果的であると思っているとしたら、いまどき、めでたい営業マンである。そらぞらしくゴマをするヨイショ営業では、お客さまの心は開かない。

とはいえ、いつの時代もお客さまに「心地よい」気持ちになってもらうことで、関係を良好に保てる、それがツボであることは言うまでもない。

では、いったいどのように褒め称えればいいのか。

それは、**褒め言葉の代わりに「質問」を使う**ことだ。

たとえば、女性のお客さまだったら、単純に「お綺麗ですね」とおべんちゃらを言うよりも、純粋に知りたい気持ちを全面に出し、「若さと美貌を保つ秘訣はなんですか？」「どちらのエステやジムに通われているんですか？」「やはり遺伝的にお母さまも美人なのですか？」「お肌のお手入れは特別なことをされているんですか？」「化粧品はどちらのブランドを使われているんですか？」と**〝褒める質問〟をすればインタビューは盛り上がる。**

経営者のお客さまだったら、「社長は素晴らしい方ですね」と持ち上げるよりも、「どのような経営理念なのですか？」「どんなマネジメントをされているのですか？」「会議ではいつもどんな訓話をされるのですか？」「社員研修などは実施されるのですか？」「なぜ、社長は従業員の方々に慕《した》われているのですか？」という、具体的かつお客さまが喜びそうな質問を投げかけるのだ。

そのようにして、**続けざまに「はい」「いいえ」では答えられない5つ以上の質問を繰**

り返すこと。究極は、お客さまが本当に「話したい話」を質問のなかで探り、引き出していくことが求められる。もっとも大事にしているアイデンティティをあぶりだす質問だ。

私の場合は、本の執筆が唯一の趣味であり「人生そのもの」といってもいい。多忙な本業の合間を縫って19冊もの書籍を世に送り出す作業は並大抵のエネルギーではない。とくに出版のペースが上がってきたこの10年ほどは、ほかの娯楽にまったく興味がなくなるほどで、私の休日はもっぱらパソコンの前に座り、こうしていまも執筆に従事している。

しかし、お客さまの立場である私へアプローチを仕掛けてくる営業マンのほとんどは、質問を深掘りしてくれない。

ときどき「本を書いているんですか?」という質問をする営業マンもいるにはいるが、たいていはそれだけで終わりである。それ以上の質問(会話)は続かず、早くも次の話題に移ってしまう。私はイラッとすると同時に「人の気持ちのわからない営業マンだな」と残念な気持ちになり、毎回、消化不良となるのだ。

「おいおい、もっと聞いてくれよ」というのが私の本音である。

本のテーマや内容、執筆の苦労話やエピソード、執筆期間はどれくらいか、どんな環境で書いているのか、書きはじめたきっかけは何か、どれくらい売れているのか、今後の出版予定はあるのか、作家としての夢はあるのかなど、連続した「質問責め」に遠慮はいらない。

相手から質問してもらえない限り、自分からはペラペラしゃべることはできない。私の意志で一方的に話すのではなく、「あなたが聞いてくれた」「あなたが興味を示してくれた」話題に答えるという展開で、ささやかな自尊心を満たしてほしいのだ。

私の話を聞いてくれた後であれば、営業マンの話も聞いてあげようという気にもなるが、私の話に興味を持ってくれない営業マンの話は、聞く気にもなれない。

あなたがお客さまの立場だったら、きっと同じ思いに違いない。

今日からあなたはプロの「インタビュアー」となり、ひとつでも多くの自尊心をくすぐってほしい。そんなふうに〝くすぐられる〟営業マンにだけ、お客さまは本当の笑顔を見せてくれるものである。

21 営業術

やってはいけない！

レスポンスよく回答する

これで売れる！

その場ですぐに答えを出さない

専門知識を完全に修得し、お客さまからの難解な質問にも、レスポンスよく受け答えることができなければならない。でなければ、お客さまからの信頼は得られない。これまた正統派の常識だ。

まさに知識とは、身につけておいてしかるべき礼儀であり、最低限のエチケットであると言えるだろう。

しかしながら、それを意識するあまり無理をすると、大きな墓穴《ぼけつ》を掘ることにもなりかねないから要注意だ。

営業マンがいくらその道のプロフェッショナルだからと言って、何から何まで知っているわけではない。

とくに「専門外」のマニアックな質問をされたときには、大いに困る。

税金、不動産、金融知識、公的な手続き、法律、医療、保険、IT関連、他社情報、製造方法、メカニック、安全性、納期、事務ルールなど業界業種によってさまざまだろう。

やはりこのケース、**すぐに答えないと信用を失ってしまうのではと焦りに焦り、冷や汗があふれて止まらなくなった経験が、あなたにもきっとあるはずだ。**

そんな場面において、「適当にごまかしてまるめこもう」「知ったかぶりで封じ込めよう」「曖昧にして逃げ切ろう」など、いい加減な対応が見破られ、お客さまとの信頼関係に亀裂《きれつ》が入ってしまったことが、少なからずあったのではないだろうか。

恥ずかしながら、若き営業マン時代の私にも似たような経験がある。熱心に研究をした上で買い物に臨んでいるお客さまも少なくない。調子よくその場の勢いで成約に持ち込もうとする人にとっては、つい陥りがちな罠である。

そもそも、人間は危険を察する生き物だ。

背伸びをして適当なことを説明する営業マンを目の前にして、不信感が募《つの》るのは当たり前。「何かあやしい」と感じるのである。

そうなってしまったら、もう取り返しがつかない。お客さまはいくら理屈では納得できたとしても、「何かがひっかかって」購入の決断をすることができないからだ。

この状況を打開する策は「**その場しのぎ**」「**付け焼刃**」**を我慢するしかない。すぐに答えを出さない**ことだ。

「念のため、持ち帰らせてください。大事なことですので、しっかり調べてからお答えさせていただきます」と、**宿題にして持って帰る**のである。

そうすれば、むしろ「信用できる人」「しっかりしている人」「まじめな人」「頼りになる人」「誠実な人」という印象を持ってもらえる。

しかも、**次に会える「口実」にもなる**のだから、一石三鳥である。

ややもすると、成約へのプロセスが停滞、または一歩後退すると思いがちだが、決して遠回りではない。常に宿題をいただく癖をつけておけば、チャンスは広がるばかりなのだ。

そして、**トークの締めくくりには、宿題も含めた次回訪問の目的やコンテンツを短くまとめ、それをキャッチコピーにしてほしい。インパクトある「予告編」を実演する**のである。

映画やテレビ番組の予告編を観ていると、どれもこれも本編を観たくなるように、上手くつくられている。名場面や決めゼリフを絡めて構成し、キャッチコピーも絶妙だ。

そうして期待を高める余韻を残すことができたら、お客さまは次の約束が楽しみになり、早くあなたに会いたくて会いたくてたまらなくなるだろう。

アポイントのキャンセルやリスケが激減すること、請け合いである。

22 営業術

やってはいけない！

わかりやすく丁寧な説明をする

これで売れる！

歌って踊って説明する

世の営業マン諸君のプレゼンは退屈極まりない。わかりやすくて丁寧な説明を心がけている姿勢は悪くないのだが、たいていは、ゆりかごのような眠気を誘う「ララバイ（子守唄）」に聞こえてくる。

お客さまの目がうつろになってきたら、もはやそのプレゼンは失敗である。

くれぐれも肝に銘じてほしい。

プレゼンテーションとは、「エンターテインメント」であるということを。

私の好きなアメリカ映画に、「グレイテスト・ショーマン」がある。

「グレイテスト・ショーマン」とは、アカデミー賞受賞によって映画演劇界の最高峰を極めた「ラ・ラ・ランド」の天才音楽チームと、映画史に残る名作「レ・ミゼラブル」で世界中を泣かせたヒュー・ジャックマンとがタッグを組んだ、**最高にエキサイティングでスペクタクルなミュージカル映画**だ。

オープニングから全身に鳥肌が立つほどの華やかでスタイリッシュなダンス、ダンス、ダンス。そして、ドラマティックなストーリーを彩るバラエティー豊かなナンバーに圧倒され、私の目も耳も心もスクリーンに釘付《くぎづ》けになった。

主人公バーナム（ヒュー・ジャックマン）は、アメリカショービジネス界の原点を築いた伝説のプロモーターで、差別や偏見のなかにいたエンターテイナーたちにチャンスを与え、エポックメイキングなショーを演出したことでその名をはせた。

外見や地位がどうであれ**「ありのままに」**、**そして「自分らしく」生きようとするメッセージを乗せた主題歌「ディス・イズ・ミー（これが私）」**には、誰もが心揺さぶられざるを得ないだろう。

何がこんなに人を魅了するのか。あなたも一度は鑑賞し、それを追求してもらいたい。

というのも、あなたの「プレゼンテーション」こそ、この「グレイテスト・ショーマン」のようであってほしいと思うからだ。

プレゼンに臨むあなたの心は、はたしてワクワクと躍って（踊って）いるだろうか。

スピーディーでテンポのいい展開はもちろんのこと、プレゼンが終わっても余韻が残るような演出が必要だ。

営業マンとしての「ありのままのあなた」「自分らしいあなた」、そんなすべての生き様を歌うように表現してほしい。

そして、**踊って踊って踊りまくるような楽しい演出で、営業への思いを語り、重要性を訴え、メリットを伝えてほしい。**

そう、映画のテーマ曲「ディス・イズ・ミー（これが私）」のように、「これが、私〇〇という営業マンだ！」という**ミュージカル・セールスを展開してほしい**のである。

ありのままの自分をさらけ出さない限り、本当の〝表現者〟にはなれない。
中途半端な照れ臭さは、相手を冷ややかにドン引きさせ、やがて客足は遠のいていくことになるだろう。

プレゼンテーションとは、まさに「人生賛歌《じんせいさんか》」なのだ。

よって、これぞ王道のプレゼン・ミュージカル映画だと呼べるまでの芸術作品に仕上げ、観客（お客さま）を大いに楽しませてあげることが求められる。

眠気を誘う退屈なプレゼンテーションは、もう卒業しようではないか。

明日からのあなたは、お客さまを楽しませるため、そして営業を楽しむため〝グレイテスト・セールスマン〟になり切るのである。

23 営業術

やってはいけない!

メリット一辺倒で押し切る

これで売れる!

デメリットを強調する

「商品のデメリットをバカ正直に伝えるべきか否か」という葛藤と、常に戦っているのが営業マンというホモサピエンスだ。

いかなる商品にもプラス面とマイナス面があるし、メリットもあればデメリットもある。

そうすると、営業マンのなかには、デメリットは一切伝えず「なんでまた、わざわざマイナス面を伝える必要があるのか」と、メリット一辺倒で押し切るという原始的な猛者《もさ》も現れる。

なるほど、たしかに法律で定められた重要事項の説明を除けば、わざわざお客さまに不利な条件を教えることなど、馬鹿げた愚行《ぐこう》なのかもしれない。

いやしかし、営業現場で30年、案の定その売り方では通用しないという真実を私は見てきた。いずれは自然淘汰されていくだけである。いまや絶滅危惧種であると言ってもいいだろう。

「正直さに勝るスキルなし」とは、太古の昔から言われてきたことである。やはりお客さまは本当のことを知りたいのだ。**また知る権利がある。**

本当にお買い得の商品なのか。本当にニーズを満たす買い物なのか。本当にいまが購入する適切な時期なのか。**あなたにはその真実を伝える義務がある。**

あなたは徹頭徹尾《てっとうてつび》「正直さを売る」べきだ。

しかし〝メリット大魔王〟のあなたから、正直さがしっかりと伝わっているかどうかは疑問である。ズバリ言えば「うさんくさい」のである。あなたの後ろめたさが怪しさを醸《かも》し出しているのだ。

さらにもっと言えば、隠しごとをしている罪悪感が「わかりにくさ」をも助長している。

あなたは、いつも結論を後回しにしていないか。いつも言い訳がましく回りくどくなっていないか。いつも遠慮がちで控えめになっていないか。

もし、ひとつでもあてはまるのなら、お客さまはそんな不明瞭《ふめいりょう》かつ不正直なあなたが好きじゃないし、心から信じられない。

お客さまの最終的な判断基準となるのは、あなたが「本当のことを言っているか、言っていないか」なのだ。つまり、お客さまは真っすぐで裏表がなく「嘘をつかない人」が好きなのである。

何かを隠していると感じた瞬間に、お客さまは「他社の商品も検討してみたい」と言って決断を先延ばしにするだろう。あなたもそんな苦い経験を数多くしているはずだ。

メリットもデメリットもすべて伝え切ったクロージングであるなら、「よその商品と比べたいなら、もうけっこうです」と言える気概《きがい》も生まれてくるのだが……。

これからは「正義の心」を持って、メリットもデメリットもすべて打ち明けるのだ。

たとえば、あなたがスーツの販売員だったとしたら、こんな具合だ。

「そのスーツの色は、まったく似合っていませんよ」

「ネクタイなら、隣の店のほうがオシャレなブランドが揃っていますよ」

「来週に入るとセールがはじまるので、今日は出直したほうがいいんじゃないですか」


このように、あえてデメリットを伝えると、お客さまはその言葉を信じるもの。

散々デメリットを語ったあげくに、「こちらのスーツは、すごくお似合いです」と真顔で言われたら、あなたはどう思うだろうか。思わず信じたくなるに違いない。

そもそもお客さまは、口のうまい営業マンに何度も丸め込まれた苦い経験を持っている被害者なのだ。もう後悔したくない。

だから〝メリット大魔王〟を疑ってかかる習性がある。

そう、メリットばかりを売り込むことはかえって逆効果なのだ。

デメリットを強調する本音トークは、お客さまの警戒心を解くだけでなく、何よりも、**正義の使者が背中を押す、絶大なるパワーを生み出す**のである。

24

営業術

やってはいけない！

敬語を使う

これで売れる！

「軽語《けいご》」を使う

私はときに、イライラを隠せない。

そう、若手営業マンたちの言葉の使い方に、である。

正しい敬語を使いこなせる若手ビジネスマンにはあまりお目にかかったことがないし、尊敬語と謙譲語の使い方を間違えたり、二重敬語になっていたりと、ヘンテコな日本語になっている営業マンは少なくない。

公《おおやけ》の場であるにもかかわらず、自分のことを「ボク」というタイプは案外多い。もう立派な社会人であるのだから、やはり「**わたし**」、または「**わたくし**」と言ってほしい。

身内のことを「おかあさん」「おじいちゃん」という僕ちゃん・お嬢ちゃんも目立つ。「**母**」「**祖父**」という言い方を知らないわけではないと思うのだが……。追い討ちをかけるように「おかあさんが、おっしゃっていました」には、もはや呆《あき》れて笑いも出ない。

また、敬語のつもりで「ゴルフをやられるのですか?」「ゴルフをおやりになるのですか?」といった間違いもよく耳にするが、それを言うなら「**ゴルフをされるのですか?**」だろう。「やる」という乱暴な言葉が敬語に使えると思い込んでいる。

「どちらにいたしますか?」という使い方も、「いたす」という謙譲語はお客さまを下にするへりくだった表現となり失礼だ。この場合は尊敬語の「**どちらになさいますか?**」と言うのが正しい。

さらには「お召し上がりになりますか?」と言うのだが、「**召し上がる**」**という尊敬語**

に「お」をつけると二重敬語になってしまうことを知ってか知らずか、「お」や「ご」の乱用は聞くに堪えない。「お伺いします」は、「行く」の謙譲語である「伺う」に「お」をつけているが、スマートに「**伺います**」だけでいい。

そのほかにも「ご覧になられますか?」は二重敬語だ。「**ご覧になりますか?**」が正しい。「拝見させていただいております」といったように、二重三重にへりくだったバカ丁寧な表現など、そのしつこい違和感が鼻につく。そこはシンプルに「**拝見しました**」で十分である。

というように、間違った表現を例に挙げるとキリがないが、未熟で社会人経験の浅い若手営業マンを責めたところで早急な改善には限界があるというものだ。

しかし、お客さまから「**常識がない**」「**教養がない**」「**経験がない**」**と思われてしまうことはマイナスでしかない**だろう。

であるなら、無理をして使い慣れない尊敬語や謙譲語なんて使おうと思わないことだ。

いくら何でも、お客さまに向かってタメ口というわけにもいかないだろうが、**最低限の丁寧語、つまり「です、ます」調で、ストレートに話せばいい。そんな若手営業マンのほうが、好感を持たれる。**と同時にバカもカバーできる。

もとより、へりくだり過ぎた敬語は、よそよそしいだけでなく、わざとらしさや厭《いや》らしさを与えてしまう。そして何より、お客さまとの距離を遠く感じさせるばかりだ。

「〜するんですか？」「〜食べますか？」「どちらにしますか？」というフレンドリーな問いかけでよいのではないだろうか。語尾に「ね」や「よ」をつけて話してもいいだろう。

そのほうが信頼を損なうリスクも少なく、かつ自然体で接することができる。

たったいまから敬語は封印だ。敬語は敬語でも「軽語」でいい。

肩の力を抜き、軽やかにお客さまとのコミュニケーションを楽しもうではないか。

第4章

やってはいけない「人脈術」

25 営業術

やってはいけない！

人を紹介してもらう

これで売れる！

紹介される人になる

「誰か紹介してください」と頭を下げてお願いしたところでうまくいかない。ときに、困っている可哀相なあなたに同情し、協力してあげようという人はせいぜい親しい身内や古い友人くらいのものだ。成功が続くことは稀《まれ》である。

また、紹介入手のスキルやテクニックを身につけたところで、それほど成功率は上がらない。

とはいえ、たとえば顧客満足度アンケートを使い、紹介してほしい人物をイメージしてもらうトークでデータを隈《くま》なく聞き出し、その場で紹介先の人へ連絡を入れてもらう――

このような手法で紹介連鎖型の営業が成り立っている成功者もいるにはいる。

しかしながら、多くの営業マンたちは、それを〝カタチ〟だけ真似ることはできたとしても、なかなか紹介先を広げ続けることができないようだ。

その原因を突きつめて分析してみると、自らの〝想い〟がお客さまへ伝わっていないという致命的な欠陥が浮き彫りになってくる。そう、**そこに「大義」がないのだ。**

自分は何のためにこの仕事をはじめて、何のために営業をしているのか、何のためにお客さまに会いに来たのか、それを真剣に伝え切れなければ、紹介が紹介を呼ぶ「紹介連鎖型」の営業スタイルを確立させることはできない。

自らの使命や理念、大義を語ることさえできたなら、それに共感したお客さまが、

「あの人のところへ行ってみたらどうか」

「ぜひ、あの人を紹介したい」

と、紹介先を次々と教えてくれるような協力者となっていく。

そんな好循環が生まれ、ファンがあふれて止まらなくなるのだが……。ところがどっこい、あなたの〝想い〟が伝わらないうちは、いつまで経っても応援団は現れない。

ちなみに、私が保険営業マンだった時代に伝えていた「大義」はこうだ。

「私は世の中のひとりでも多くの方々を救いたいと思っています。ひとりでも多くのお客さまとそのご家族を守っていきたいですし、Aさんのまわりにいる大切な方のお役にも立ちたいと思っています。

Aさん自身もそうであったように、多くの方々は、ご自身に万が一何か不幸があったとき、本当に大切な家族を守っていける保険なのかどうか、保障内容を知らないまま加入されている方ばかりなんです。

日本中のひとりでも多くの方々に、生命保険の真実を知ってほしいんです。

本当の重要性に気づいてほしいんです。

まずは、正しい情報をお伝えしたいだけなんです。それが私の使命なんです！」

この〝布教活動〟を、私が広めずしていったい誰が広めるのか、という気概だ。

その想いが本物なら、お客さまは紹介依頼を断ることはできない。なぜなら、お客さまにも人としての「良心」があり、「正義」を否定することはできないからである。

あなたの大義が本物ならば、心の歪んだ人や意地の悪い人でない限り、それをバカにしたりしないものだ。本物だからこそ否定できないのである。

あなたが逆の立場であってもそうなのではないだろうか。真剣な人は応援したくなるし、中途半端で軽薄な人は信用できない。

もし、あなたの大義に対して、それは綺麗ごとだと鼻で笑う人がいたら、たとえ相手がお客さまであろうと憤慨《ふんがい》すべきだ。あなたが大切にしている自尊心を傷つけられているのに、ヘコヘコしていてはいけない。

お客さまは観察しているのだ。そこに本物の大義はあるのか、ということを。

26 営業術

やってはいけない！

見返りを期待せず、お客さまに尽くす

これで売れる！

お客さまに甘えて、もたれ合いの関係をつくる

いまどきの若手営業マンは、お客さまに「甘える」のが下手だ。

他人に見返りを期待してはいけないと、健気《けなげ》にも自己を犠牲にして尽くすだけ尽くすのだが、なかなかリターンが得られない。

礼儀正しく遠慮がちに、お客さまエリアへ踏み込まず、一定の距離感を保ったままだ。

じつは、そんな「他人行儀な態度がおもしろくない」と、お客さまは感じている。

「もっともっと懐《ふところ》に飛び込んで来いよー」と両手を広げているのに、あなたはどうしても

「ゴロニャン」と甘えることができないようだ。

だがそれでは、お客さまとの「本当の信頼関係」は築けない。

甘えることは弱さではない。

むしろ、**甘えたいのに甘えられないことのほうが弱さなのだ。**甘えられないお客さまとの関係というのは、「まだまだ成熟し切れていない」という証拠でもある。

お互いに尽くし合うことが前提の美しい関係よりも、**甘えたり甘えられたりという一見して見苦しい「もたれ合い」の関係こそが、大人の信頼関係**なのである。

甘えることができる間柄とは、相手の存在を承認した上で、自分の本音もさらけ出せる関係だ。

よって、お客さまに甘えるためには、**ある種の「自信」が必要**となる。

友人や恋人との関係同様に、もっとお客さまの前ではずうずうしく振る舞いたいものだ。

それが人間本来の自然な姿だろう。

定番の成功法則に「ギブアンドギブ」、与える精神こそが大事だという説がある。私もそのとおりだと思う。

しかし、さらに**進化したお客さまとの信頼関係においては、ギブアンドテイクの「テイク」を優先したい。**甘えのテイクアンドギブでいい。

それこそが、営業活動を自然体で楽しむ奥義なのだ。

お互いにテイクアンドギブを極めれば、「もたれ合いの信頼関係」が生まれる。

いい意味で相手を利用していくという姿勢も悪くないだろう。

その代わり、相手の甘えも認めてあげなければならないし、それをあなたが不快に感じるのならば、真の信頼関係は成り立たない。

一方的なテイクばかりを優先していては、単なる自己チューになってしまう。

別人格のアイデンティティが違うことを認めた上で、お客さまの好意をあてにしたり、依存したりすることも大切な能力なのだ。

「依存は弱い人間の証」と思い込み、カッコつけているあなた。

もっとお客さまに甘えてほしい。

おごってくれるというならば、素直になってお客さまの好意に甘えてしまえばいいではないか。困ったときはお互いさま、お客さまのところへ押しかけ、相談に乗ってもらえばいいではないか。冠婚葬祭《かんこんそうさい》や引っ越しなど、人手《ひとで》が足りないときは、お客さまに手伝ってもらえばいいではないか。

お客さまが自分のために尽くすことを期待してつき合ってもいいのだ。自分の欲求に素直になり、「甘えのキャッチボール」を楽しむべきだろう。

そうやって、**お客さまとの〝大人の友情〟を築き上げてほしい**ものである。

27
営業術

やってはいけない！

完ぺきに対応する

これで売れる！

弱点をさらけ出す

あなたが「完璧主義の幻影」にとり憑《つ》かれ、パーフェクトな仕事を目指そうと思えば思うほど、お客さまとの距離は離れていく。

たしかにミスは許されない。世間知らずは見下される。知性の低さは蔑《さげす》まれる。経験不足はバカにされる。ローパフォーマーは信用されない。

とまあ、それはそうなのだが、だからと言って虚勢を張り、背伸びをしたところで疲弊するだけではないか。いずれボロが出て、お客さまからはそれを見透かされてしまう。所詮、隠し通すことはできないのだ。

もういい加減に、隙《すき》のないスマートな営業マンを装《よそお》うことはやめにしてほしい。そうした「ええかっこしい」の呪縛から抜け出せない営業マンは、もはや滑稽《こっけい》である。

言うに及ばず、反省すべき点は反省し、何ごとも向上心を持って取り組んでいくという姿勢は必要だろう。

しかし、あまりにも焦りすぎていないだろうか。

それらは、経験を通して「階段を一つひとつ」登りながら修得していくものだ。

もしも、**周囲の営業マンがパーフェクトな人間ばかりに見えるとしたら、それはあなたのコンプレックスが引き起こす大きな錯覚である。**

釈迦《しゃか》やガンジーなど歴史上の偉人賢人は別格としても、現世にはもはや完璧な人間など存在しないと言っていいだろう。

そんなことはよくわかっているはずなのに、完璧な営業マンでありたいと、いつまでも「ええかっこしい」の世界から抜け出せない輩《やから》がいるようだ。

お客さまと親密な関係をつくりたいと思うなら、むしろ**もっと隙を見せて、自らの弱点をさらけ出し「ファン」を増やすこと**である。

ときには、恥ずかしい失敗談を笑い話にして伝えてみるのも人間的だ。

知らない情報をお客さまに尋ねてみたり、苦手な分野は頼ってみるのもいい。

お客さまの目の前で、悔し涙や感動の涙を流すのも悪くない。

仕事やプライベートのお悩み相談に乗ってもらうのもありだ。

あえてロールプレイの相手役を務めてもらうという手もある。

営業マンである前に、ひとりの血の通った人間である泥臭さを見せることだ。

人というのは、**わかりやすい純朴《じゅんぼく》な人を好きになるのであって、何を企んでいるかわからない気取った人間には心を開かないものである。**

こうして私も半世紀以上生きてきたが、やはり弱点だらけ、欠点だらけの未熟者だ。よって「アンチ早川」も数知れない。

しかし、ありがたいことに味方も大勢いる。

そもそも、すべての人たちから支持されようなんて思ったこともない。

100%嫌われない完璧な営業マンを目指していたら、逆に「応援団」は誰もいなくなってしまうからだ。

嫌われないように嫌われないように生きていたら、たしかに嫌われないかもしれないが、結局、誰からも好かれることはない。

なりふりかまわず、すべてオープンに弱点をさらけ出す嘘のない営業マンのことを、お客さまは好きになるのである。

28 営業術

やってはいけない！

お客さまに好かれる

これで売れる！

お客さまを好きになる

ひとりでも多くのお客さまから振り向いてもらいたい、応援してもらいたい、とあなたが強く望んだところで、期待は儚《はかな》くも裏切られる。

よって、あなたは余計に焦る。焦って焦って、もっと強く求めはじめる。しかし、あなたの思い通りには決して動いてくれない。

もしお客さまを盲目的《もうもくてき》に従わせたいと思うなら、言わずもがな、あなたのことを理屈抜きに好きになってもらうしかない。そう、俗に言う「ファンクラブ化」だ。

しかし、愛されたい、もっと愛されたいと、いつも愛を求めている人は、結局、誰からも愛を享受《きょうじゅ》することができない。これは人間関係の摂理《せつり》だろう。

「愛すれば、愛される」が、愛されたいだけの人は愛されない。

先にこちらが「好き」にならなくては、相手はこちらを「好き」になってはくれないのである。

であるならば、**お客さまに好かれるまで「好き」になること**だ。それしか道はない。

ときにあなたのまわりでも、大ファンのお客さま＝応援団に囲まれ、この世の春を謳歌《おうか》している羨ましい営業マンを見たことがあるはずだ。

「あんたの勧めるものなら何だって買うよ」という間柄だ。そうなればもう笑いが止まらないし、ますます「愛」も止まらない。

彼らがとことん好かれるのは、単に知識やスキルが高いとか、好感度抜群の美男美女だからではない。

お客さまから愛される理由は、彼らが「愛する力」を発揮しているからなのだ。

ではいったい、どうすれば好きになれるのだろうか。

ここであなたに、誰にでも簡単にマスターできる「初級者編」を伝授しておきたい。

それは、**あっけらかんと「告白する」こと**である。

どんな人間（お客さま）でも、ひとつくらいは好感が持てる点があるものだ。それを、「○○さんのこんなところが好きなんです」と、口に出して伝えるといい。

すると効果てきめん。

これまであまり意識していなかった相手であっても、「ああ、自分はこの人のことが好きなんだ」と思えてくるから不思議だ。


人間は愛する力を持って生まれてきた。

あなたも本来〝愛する能力〟を兼ね備えているはずだ。ただ、普段はそれを十分に発揮できていないにすぎない。

恥ずかしがらずに、愛を口に出してみようではないか。そうすれば、**あなた自身がじつ**

は「愛の人」だったことに気づくはずだ。

ドイツの心理学者フロムの言葉に、

「誰かを愛するということは、たんなる激しい感情ではない。それは決意であり、決断であり、約束である」

という背筋の伸びる名言がある。

誰かを愛するためには、強い意志を持つべき、という意味だろう。

完璧な相手（お客さま）などいないのだから、この人（お客さま）を愛そうと決意したら、**あらん限りの知恵と忍耐力を発揮して、愛をクリエイトする力を育てなければいけないのだ**。

その思想を持って営業に臨めば臨むほど、愛する力（＝真の営業力）が育っていくのである。

29
営業術

やってはいけない！
成果・数字を集める

これで売れる！
「ありがとう」の声を集める

私が支社長として、ある低迷支社の組織改革を任されたときのことだ。

前任の支社長が「数字だ！　結果だ！」「売れ！　売り込め！」とパワハラまがいの恫《どう》喝《かつ》・恐喝《きょうかつ》を繰り返す鬼軍曹《おにぐんそう》タイプだったため、営業マンたちは「保険料（Premium）」をどれだけ集めるのか、それればかりに血まなこになっていた。

たしかに、売上がすべての厳しい世界である。

歩合給の計算、昇格査定、コンテスト表彰なども、「**SAP**」という営業成績の指標「修正（Syuusei）Annualized Premium」によって定められていた。

私も営業の世界で長く揉まれてきたひとりだ。目標を達成するために、セールスマンシップを持って働くこと、そのスタイル自体を完全否定するつもりはない。

しかし「目的はすべて自分の成績のため」という営業マンが、お客さまから信頼されるわけもないだろう。

さすれば、ひたすら貪欲《どんよく》な野心と報酬だけを目的に営業に励んできた彼らにとって、得られる成果は一時的でしかなかった。消耗戦《しょうもうせん》に疲れ果て、辞めていくメンバーも後を絶たなかったのだ。

そこで、私がはじめにメスを入れたことは「売らなくていい」という命令だった。

「しばらく営業成績を上げることは考えなくていい」という方針を打ち出したときには、メンバー一同、目を丸くして驚いていたし、全社的にも相当なインパクトがあったようだ。

我が支社の「売るな指令」の噂を聞きつけた本部の役員からも、慌てて電話がかかってきた。「そんな無茶な方針を打ち出して、本当に大丈夫なのか」と。

もともとが成績不振のチームである。たしかに大きな賭けではあった。

数字への執着をなくして目標を追わず、ますます弱気な営業マンを増やすことになるのでは、と。正直を言えば、そんな不安もなくはなかった。

しかし、私は勇気をもって**「どうすれば、お客さまから感謝されるのか。それだけを考えて行動しろ」と指示した。数字を集めるよりも、どれだけの「ありがとう」を集められるかを競わせた。**

毎日の朝礼で「感謝された事例」を発表する時間をつくり、全員でシェアし合った。営業会議の代わりに開いた「感謝のワークショップ」という勉強会も活況《かっきょう》を呈《てい》した。そんな極端な意識づけが奏功《そうこう》し、やがて「感謝を集める営業」は、チームの新しい文化となっていったのだ。

するとどうだろう、まるで、どんよりと暗雲が立ち込めていた環境下に、ぱぁーっと青空が広がっていくように、支社内の景色が一変した。

そして本当に結果は後からついてきた。「売らない意識改革」は成功したのである。

ただ、彼らは決して大きく変わったわけではない。彼らは大切なことに気づいたのだ。**「感謝を集める」ことこそが最善の営業ツールになる**のだ、と。

この話があなたにとって、そらぞらしい綺麗ごととして伝わっているのであれば、残念だ。

もしこの先、食べ尽くす営業の末に、飢えるような窮地に陥ったら、そのときは「ありがとうの声を集める」営業スタイルを思い出してほしい。

ちにみに私は、成績指標である**「SAP」を「(S)幸せを(A)与えた(P)ポイント」と呼んでいた。それは単なる売上数値でなく「お客さまにどれだけの幸せを与えたか」を示す数値である**という解釈だ。

そんな「SAP」が、私自身の営業マン人生にも〝幸せのポイント〟をもたらしてくれたことは、言うまでもない。

30 営業術

やってはいけない！

まじめさで信頼を得る

これで売れる！

お笑いエンタメ営業を極める

退屈でつまらない若者が増殖中だ。
十把ひとからげ、まじめ、まじめ、まじめな営業マンばかり。
私はもう、おもしろくもなんともないその四角四面な顔を見るのも、うんざりだ。
えっ？　お客さまからの信頼を得るためだって？　冗談を言っちゃいけない。
まあ、いいだろう。持って生まれた性格もある。だが言っておく。それでは売れない。
私がいつも好成績でいられたのは、とにもかくにも最優先で、お客さまをとことん笑わせてきたからに他ならない、という確信がある。「笑わせる門には客（福）来る」という自分勝手な格言を信じ、お客さまを楽しい気分にさせるサービス精神のもと、常にその場を盛り上げるエンターテイナーを演じてきたのだ。

よって、お客さまからの評価は、「明るくて楽しい人」「話がおもしろい人」「元気でパワフルな人」である。

ただ、意外に思われるかもしれないが、幼少期の評価は、「まじめな子」「控え目な子」「無口な子」であった。だから、ユーモアのセンスや卓越《たくえつ》したトークスキルというのは、決して天賦《てんぷ》の才ではない。思春期から現在に至るまで、私は〝まじめ〟に努力を積み重ね、すべらない話術を磨き続けてきたのだ。

振り返ってみると、**笑わせる行為は私のファンをより強力な応援団にしてくれた**ようだ。やはり営業というのは人気商売。どれだけの協力者に支援してもらえるかが成功の鍵を握っている。

お客さまを楽しませてきたおかげで、私はあらゆる営業コンテストに次々と入賞し、もの凄いスピードで昇給・昇格を果たすことができた。大笑いしながら人生のステージを駆け上がっていったのである。

私は必死にエンターテイナーを演じてきたおかげで、どれだけの試練や苦難を乗り越え、至福のときを過ごしてきたかわからない。

もちろんサービス精神とは笑わせることだけに限らない。ただし、「**楽しんでほしい**」**という〝おもてなしの精神〟なくして、自らが利益を得ることはできない。**

だからあなたも日頃から、「自分だけが楽しければいい」ではなく、「周囲の人をどれだけ楽しませるか」に気を配っておくことだ。

近年における笑うメカニズムの研究によれば、お客さまが「笑うこと」によって、副交《ふくこう》感神経《かんしんけい》が刺激されれば、**緊張感がほぐれてリラックス効果が生まれ、「購買意欲も高まる**」ことは、科学的に実証されている。

さらに「笑うこと」にはストレス解消効果、免疫力のアップ、鬱《うつ》病防止、心臓病の予防、血行の促進、便秘の解消、ダイエットの効果などがある。まさに、笑いは「百薬《ひゃくやく》の長《ちょう》」であり、毎日、笑顔で過ごすことで心身共に健康でいられ、楽しい人生が送れる。

笑わせる効果とは、お客さまを健康で幸せにすることそのものなのだ。

もし、人を笑わせる技術もセンスもないというのなら、まずは自分から笑いかけてみればいい。きっと、つられて目の前のお客さまも笑い出すに違いない。

笑いは伝染するのだ。

あらゆる人々と接するとき、「自分はいま、笑っているだろうか」と、常に意識してみることである。楽しいから笑うのでも、笑わせるのでもない。笑うから、笑わせるから、楽しいのだ。

そもそも**お客さまというのは、笑顔で「ノー」とは言えない**ものである。
これこそ、「笑いが止まらない営業」なのではないだろうか。

31 営業術

やってはいけない！

チームミーティングを重視する

これで売れる！

孤独にひとり戦略会議を開く

チームメンバーとの相互研鑽《そうごけんさん》こそが、お互いを高め合う最善の策だ、と疑う余地もないあなた。たしかに、場合によっては仲間との絆《きずな》がピンチを救ってくれることもあるのだから、しっかりと毎日チームミーティングに参加しておかなければ、協調性のない奴とのレッテルを貼られかねない。上手に群れておくことも生きるすべである。

つらく苦しい営業活動であっても、「みんなで渡れば恐くない」とも言えるだろう。

しかし、**いざとなれば仲間は冷たい。**

いつまでも周回遅れのあなたに伴走《ばんそう》してくれるほどのお人よしもいないだろうし、甘えてばかりでは置いていかれる。

ときに、あなたの失敗をカバーしてくれることはあっても、それは所詮、彼らの手柄《てがら》だ。あなたの評価が上がるとは限らない。

そんななか、数字の詰めが厳しい理不尽な上役と、見向きもしてくれないクールなお客さまとの狭間《はざま》で、地獄のような日々に耐えていると、**「自分には誰も味方がいないのではないか」**と思えるくらい孤独な気持ちに苛《さいな》まれる。

だからと言って、営業マンが「孤独な時間」を楽しめなくなったらおしまいだ。

厳しい営業の世界で生き残るには、仲間に依存することなく、一匹オオカミやアウトサイダーになることを恐れてはいけない。

営業マンとは、**孤独と運命を共にすることを代償にして、高い給料をもらっているようなもの**なのだ。

では、どうやって「孤独」を楽しむのか、いくつかの例を提案しておきたい。

まず「孤独ブレインストーミング」は欠かせない。

早朝、自分だけしか知らない隠れ家的なカフェで、誰の意見にも惑わされず、**独創的《どくそうてき》な営業戦略を捻り出してみる**のはどうか。

「孤読書タイム」も、自分と向き合える最高の時間だ。

せめて月に2冊くらいは良書と向き合いたいものだ。私の場合は、**本が営業の師匠であり、何よりのメンター**だった。

「孤独ウォーキング」も、営業のモチベーションがアップする。

歩けば歩くほどドーパミンが**ハイな思考をつくり出し、革新的なアイデアが閃《ひらめ》いたりする**ものだ。

「孤独シネマ」も心の澱《おり》を洗い流す大切な時間になる。

できるだけ複数人での映画鑑賞は避け、**心を揺さぶる人間ドラマなどを、独りぼっちで観る**に限る。

「孤独打ち上げ」もオススメだ。

締め切り日などの節目《ふしめ》には、バーの静かなカウンターで、**自分で自分を褒めてあげなが**

ら、ロンリネス・ショットを味わうのである。

あなたもどうか孤独を恐れずに、自分との対話を楽しんでほしいものだ。心から孤独の意味を理解できたとき**「お客さまだって孤独なんだ」という共感と深い愛情が生まれる。**

人恋しい状態で開く「ひとり戦略会議」だからこそ、心が通い合う人と人とのつながりを育んでいけるのだろう。

とはいえ、どうにもならない問題は、もうどうにもならない。あなたが万策《ばんさく》手を尽くしたのなら、もはや深刻に対策を検討したところで悪循環に陥るだけだ。こうなったらもう、いい意味で開き直るのもひとつの道である。

心清らかに、神社へと足を運び、手を合わせ祈ってほしい。

ただ拝殿の前では、真っ先に「お客さまの幸福」を祈願したいものだ。そうすれば、その瞬間、神懸《かみが》かり的なセールスパワーが舞い降りる。

その場所が、**あなたにとって本当のパワースポットになる**のではないだろうか。

32 営業術

やってはいけない！

アルコールで信頼関係を深める

これで売れる！

シラフで健全な関係をつくる

和気《わき》あいあいと仲間たちと働きたい、というあなたはきっと、飲み会の誘いは断らないはずだ。二次会にも、誘われるままフル参加している姿が目に浮かぶ。

しかし、よく考えてみてほしい。

その時間は、本当にあなたの営業マン人生にとって有益な時間なのかどうか。

おつき合い程度の人間関係を保つために、ただ流されるままに時間を無駄に過ごしているのではないだろうか。

私は断じて、酒を飲むのが悪い、仲間と楽しいひとときを過ごすことが無意味である、と言っているわけではない。

ただ、**それらの習性があくまで主体的な判断に基づいているのか、それを問いたい。**

「つき合いの悪い奴」だと思われたくない症候群が、どれだけあなたの人生をつまらないものにしているのか、自省してみることだ。

たかが二次会、されど二次会である。

まずは「出費」だ。数千円とはいえ、惰性《だせい》で蓄積されていく二次会の出費はバカにならない。どうせならその資金は自己投資に充《あ》てたい。

次に「時間」だ。累計して何十時間以上にもなるそのゴールデンタイムを自己研鑽のために費やしたとしたら、別の人生を歩みはじめるのではないだろうか。

そして「健康」だ。まだ若いとはいえ、はしご酒の上に寝不足となるのだから、翌日の営業活動への負担となるのは必至である。

一方で、外部との「接待」はどうだろうか。頻繁に夜の街へと繰り出している接待営業は、この時代になってもまだまだ王道のようだ。

私もいっときは2軒3軒と深夜まで飲み歩き、かなりの飲み代を豪快に散財していた時期があったが、はたして**営業収益はマイナスであったと断言できる。**いま思えば、あの投資は単なる浪費だった。実態は、私自身の「気休め」だったのだ。

ときには、お酒の席で懇親《こんしん》を深めることも重要だろう。たしかにアルコールの力はすごい。よって接待の場は盛り上がる。

ただ、たとえ効果があったとしても一時的だ。

残念なことに、酔いが覚めればテンションは下がる。その場限りのリップサービスにだまされてはいけない。

継続したところで資金も体力も持たない。**明日に残るのは「カードの請求書」と「アルコール臭」だけ**だ。

だいたい、飲みながらまともな仕事の話などできるわけがない。酒に頼った雑な営業ばかりしていると、**「アルコール営業中毒」が進行していき、廃人《はいじん》となるのがオチ**である。

じつは私自身、「二次会への参加をきっぱりやめて、生産性が一気に向上した」「接待営業を控えて、営業成績が格段にアップした」という経験を持っている。それはもう驚くほど鮮やかな変化であった。

あなたがどうしても、仲間やお客さまと特別に交流を深めたいのなら、真っ昼間のやや高級な**カフェスペースで十分ではないか。時間も短縮できるし、なんと言っても健康的**だ。

営業の世界というのは、アルコールとは無縁の「お天道様《てんとさま》の下《もと》」に存在するのだということを忘れないことである。

もうそろそろ酔いから目を覚まし、あなたの飲み方・生き方を変えるべきだ。

悪習慣に流されてはいけない。

「**二次会の誘いはきっぱりと断って、さっさと一次会で帰る**」、そして「**アルコールに頼らず、接待営業に溺《おぼ》れない**」という決断が、あなたの営業マン人生を劇的に変えていくことになるのだ。

33 営業術

やってはいけない！

ひたすらお客さまのほうだけを見る

これで売れる！

社内営業にも尽力《じんりょく》する

生保業界の営業マンの多くは、アントレプレナーだ。

したがって、社内では彼らが主役であり、ある意味一番威張《いば》っている〝社長さん〟のような存在なのである。

「俺には俺の生き様がある」とでも言いたげな高圧的な態度で力を誇示《こじ》し、納得のいかないことがあれば、これ見よがしに、上長へさえも噛みつく営業マンもいる。

そのように、断固として体制に屈しない一匹オオカミは、生保業界に限らず一般企業にも少なからず生息していることだろう。

彼らはプロとして崇高なお客さま第一主義を標榜しているものの、「社内営業などもってのほかである」と、関係各部署へ愛想《あいそ》を振りまく者に対し、嫌悪感をあらわにする。「社内営業」に長けた営業マンなんて、人間失格であるかのごとく罵倒《ばとう》し、排除しようとさえするのだ。

たしかに、ろくすっぽ社外での営業活動をせずに、社内で手もみ営業ばかりしているようでは話にならないし、そんな営業マンが出世するような組織であるなら、未来は絶望的である。

とはいえ、**「社内営業」はそれほど悪いことなのだろうか。**

「社内営業」というワードを耳にすると、妥協して組織に屈する悪いイメージがあるが、必ずしも「社内営業」はゴマスリでもなければ、上長に媚びへつらうことでもない。

実際、決裁権を持つ上長の承認を得られなければ、自分の営業活動を有利に進めることはできないし、社内対応にぐずぐず手間取っていたらお客さまに迷惑がかかることも否《いな》めない。

とすれば、**上長のご機嫌を取ることも、能率を高めるための立派な営業のひとつ**ではないのか。恥じることなど、これっぽっちもない。

ときには、飲めないお酒の席に参加して懇親を深める〝営業〟も、たまには、行きたくもないゴルフコンペに付き合う〝営業〟も、必要不可欠なのではないだろうか。

「上司という名のお客さま」へマメに忠誠を尽くすことは、営業マンとしての必須の能力であり、**あらゆる事前の根回しこそ、営業マンとしての究極の交渉術**でもあるのだ。

社内のメンバー（＝お客さま）は上長だけに限らず、営業チームの同僚、事務アシスタント、経理や広報など他部門のメンバー、役員秘書、お客さま受付担当、サポートセンター、その他にも、使いっ走りのアルバイトや清掃員のおばちゃんだっている。

彼らへの目配り気配り心配りも、自分自身の営業活動を円滑に進めることにつながるのだと信じ、あらん限りのホスピタリティを発揮してほしい。

「社内営業は腐った営業マンのすることだ」と批判をし、自分はオフィスで踏《ふ》ん反《ぞ》り返って威張るのは、みっともない。

それらは所詮、子どもじみた自己アピールであり、甘えた心理の表れにすぎない。

「社内営業」とは、メンバーと密なコミュニケーションを取り、理解と協力を得るための大切な〝任務〟なのである。

営業には内も外もないのだ。

社内の人への営業もできない人が、社外の人への濃密な営業ができるとは思えない。

だからどうか、誠心誠意、「社内営業」に尽力してほしいものだ。

いついかなる場面においても、営業マンは営業マンなのである。

34 営業術

やってはいけない！
仲間と助け合う

これで売れる！
慰め合う仲間と縁を切る

切磋琢磨《せっさたくま》は美しい。呉越同舟《ごえつどうしゅう》も悪くない。一致《いっち》協力《きょうりょく》も欠かせない。そうした信頼できるバディがいれば心強いだろう。

チームメンバーとのミーティングやロールプレイ、関連企業や取引業者との綿密《めんみつ》な打ち合わせ、同業他社との最新情報の交換、社内の関係各部署との連携強化など、それらが必要不可欠であることは理解できる。

ところが、だ。

その人たちの「人間レベル」にまで深く深く落とし込み、主体的かつ能動的に、相手を選んでいるかと問われたら……いったいどうだろうか。

おそらくあなたは、あくまでも必要な事情に迫られて会う、前例踏襲《ぜんれいとうしゅう》及び慣習に従って会う、人に紹介され勧められるままに会う、誘われるままに受け身の姿勢で会う、という成り行き任せの判断基準で「つき合う相手」を決めていないだろうか。

どうか〝業務提携〟を甘く見ないでほしい。

世の中の幸も不幸もすべてが、あなたの周囲にいる人たちから大きな影響を受けることは、もはや疑う余地もないはずだ。

営業マンだからと言って、相手を選ぶのは、「お客さま」だけに限らない。

「人間レベル」の低い相手との無益な仕事は、あなたの努力を帳消しにしてしまうマイナスのパワーを持っているから、警戒が必要だ。

その判断次第で、あなたの営業成績は何倍にもアップするし、大幅ダウンする可能性も秘めている。

もちろん、どうにも避けられない関係があることはわかっている。

しかし、**そのどうにもならない人間関係もまた、あなた自身が引き寄せている**としたらどうだろうか。

あなたの営業成績が下がっているときには、成績優秀な人よりも、低迷している人のほうがつき合いやすいもの。お互いに「不幸をシェア」できるからだ。ある種の傷の舐め合いである。

反対に、絶好調な人は輝いているため、眩しすぎて見ていられないもの。ジェラシーやコンプレックスなどの複雑な感情が錯綜し、あなたは居心地が悪くなる。

よって、無意識に不幸なほう不幸なほうへと「引き寄せ」られてしまうのだ。

私は決して、人を差別してつき合えと言っているわけではない。不幸な人を励ましてあげたり、相談に乗り応援してあげるのであればそれでいい。

問題はあなたの心のスタンスだ。

自分より不幸な人を見下したり、弱っている人をからかったり、ネガティブな人に同調したりと、そんな人脈を築いたとしても、あなたの営業成績はマイナスにしかならない。

あなたの営業活動を日々管理監督しているのは、宇宙のなかでただひとり、他ならぬ「あなた自身」であることは、いまさら言うまでもない。

さて、**自らをマネジメントする上司であるあなた自身は、「誰とつき合うのか」というその優先順位を考えて指示・指導**しているだろうか。

金輪際、もう不幸な人からの誘いには応えず「慰め合う仲間」とは縁を切ってほしい。

人脈とは、自分自身を映し出す〝鏡〟だ。

ぜひとも、鏡のなかの自分をよくマネジメントしてほしいものである。

第5章

やってはいけない「クロージング」

35 営業術

やってはいけない！

最後にクロージングする

これで売れる！

毎回クロージングする

扱う商品や業種業態によっても違うと思うが、いずれにせよ意味や目的のあるプロセスを踏みながら、最終ゴールへと向かうことになるのが一般的だろう。

いわゆるクロージングをかけるステップは、最後の最後に締めくくりとしておこなうのが普通なのではないだろうか。

その場合、プロセスの途中で下心見え見えな焦りを悟られたらもうそこでおしまいという意識がブレーキとなり、ついつい慎重に進めてしまいがちだ。

だからと言って、クロージングに至るまでの一つひとつのステップに対し、緩いアプローチでお茶を濁しているようでは、よい成果は得られない。

慎重なあなたは、したたかなお客さまからの「前向きに検討します」「もう少し待ってください」「また来てください」などという、体裁《ていさい》のいい断り文句を信じ、振り回されていないだろうか。

そして期待していた次のアポイントがうやむやになると、「裏切られた」「逃げられた」「もはや人間不信だ」などと、お客さまを責めているはずだ。

しかし、**こっちが勝手に期待しておいて相手を責めるのはお門《かど》違い**であろう。それらのほとんどは**後ろ向きな社交辞令**なのだから。

たとえ、次のアポイントが入ったとしても、それが遠い先の曖昧な約束であるならば、結局、そのアポイントはキャンセルになる可能性が高い。

もとより、そのような踏み込みの浅い中途半端なアプローチでは、次への戦略が見えてこないのは自明の理だ。

あなたの気持ちも、わからないでもない。

プロセスの途中で断られるのが恐いあなたは、無難な安全策で進めたいのだろう。

しかし、それではまったくの逆効果だ。

アポ取りにはアポ取りの、ファースト・アプローチにはファースト・アプローチの、ヒアリングにはヒアリングの、プレゼンにはプレゼンの、紹介入手には紹介入手の、**それぞれのプロセスには目的がある。そのゴールに向かって「猛烈なクロージング」をかけておかなければならない。**

にもかかわらず、クロージングをかけるのは最後の訪問まで待つ、という誤った考えに囚《とら》われた営業マンがスタンダードであるとは……。売れない営業マンが星の数ほど彷徨っている原因はここにあったのだ。

さあ、売れない理由が明白になった。いますぐに改善してほしい。

毎回毎回、訪問のたびに、その日の目的に向かってクロージングをかける、そのことを強く意識するだけで、爆発的に売れるようになるだろう。

要は、次のプロセスへ一直線にアポイントがつながっているかどうかだ。

すべての訪問において、先へと続く「道」は二つに一つ。

A 「二度と来ないでくれ」と完全に断られるか
B 次回訪問の目的を明確にした上で「最短スケジュールのアポイント」が取れたか

AかBか。そのどちらかしかない。それ以外は「失敗」である。

すべてのアポイントには、それぞれに意味とゴールがあるはずだ。そのたびに、「プロセス・クロージング」をかけておかないと真実は見えてこない。よって戦略も見えてこない。もはや希望さえも見えない。お客さまが心から何を望んでいるのか、本音の答えは永遠に闇のなかだ。

どうか恐れずに、クロージング&クロージングの嵐のなかで、**常に「白黒、決着をつける」姿勢を忘れない**ことである。

36 営業術

やってはいけない！

お客さまの意思を最終確認する

これで売れる！

勝手に契約後の話を進める

「いかがでしょうか？」「どうされますか？」と、そろそろ決めてくれませんか的な決断を迫りながら、腰の引けたクロージングで受注を待つ、そんな営業マンが一般的だ。

しかし「さあさあ、どうする？」と迫られたら、「ふーむ、さてどうしよう。もう少し考えたい」と、結論を先に延ばしたくなるのがお客さま心理というものだ。買うか買わないかの意思確認なんてものは、売れない営業マンのすることである。

もしかするとあなたは、お客さまからの「はい、買います」「契約することに決めました」という気持ちのいい言葉を引き出そうとしていないだろうか。

そうだとしたら、「検討します」という名のサヨナラ負け試合終了のホイッスルを毎回聞くばかりの、永久に売れない補欠選手のままである。

あらゆるパフォーマンスを出し尽くしたならば、もうそれ以上、畳《たた》みかけないほうが賢明だ。ここぞというクライマックスには、静かに「考える時間」をお客さまに提供してあげてほしい。

ここは、じっと我慢の子である。

お客さまから先に口を開くまでは、決して話しはじめてはいけない。

ゴールデン・サイレンス、そう「沈黙は金」なのだ。

夫婦喧嘩と同じである。

罵《のの》り合いのバトルに疲れ、長い沈黙が続いた後には、ほぼ間違いなく、先に口を開いたほうが負けだ。「歩み寄る言葉」を話しはじめるはずである。

面白いことに、営業の最前線においても同じことが言える。沈黙のときを破ったお客さまが発する言葉は、大抵が好意的（ゴールデン）である。

そもそもすでに、**暗黙の〝承諾〟はもらっている**のだと信じてほしい。まだお客さまは明らかにＯＫしていなくとも、ＯＫしたものと勝手に解釈してしまえばいいのだ。

だって、それはそうだろう。

「提案している商品は意向に合っている」「金額設定もお手頃価格で納得済み」「会社やブランドも安心できている」「担当者であるあなたも気に入られている」のではないのか。

この期《ご》に及んで、お客さまの意思を〝再確認〟する必要なんてないはずだ。

ほんの少しでも「歩み寄る言葉」を聞くことができたなら、いまさら「買いますか？　どうされますか？」というストレスのかかるクロージングはやめて、一足飛びに契約後の話題に終始すればいい。

「納品は休日と平日でしたらどちらがよろしいですか？」

「支払いは現金にしますか？　カード払いにしますか？」

「どちらのオプションを付加されますか？」

と、確認するだけ。

「本日は手続き方法を決めるため〝だけ〟にやってきた」という疑いのない態度が必要不可欠なのである。

そして、契約書（ペーパーレスの場合はＰＣ端末など）を、静かにお客さまの目の前に置き、黙ってペンを差し出すだけ。

これだけのいたってシンプルなクロージングでいい。

たしかに目の前のお客さまは、まだはっきりと「買います」とは言っていない。しかし暗黙の承諾を信じ、背中を押してあげるのもあなたの役目。

どんな困難な局面であっても、「私から買わないわけがない」という思い込みと圧倒的な確信を持つべきだ。あなたの威風堂々としたブレない姿勢に、お客さまは引き込まれるのである。

37 営業術

やってはいけない！

契約（売買成立）をゴールとする

これで売れる！

契約（売買成立）をスタートと考える

契約が完了し売れてしまえば、もはやこれで「さようなら」とばかりに、さっさとお客さまへの興味・関心を失う——。

とりもなおさず、売りっ放しでもう二度と訪問しないゲンキンな営業マンは、同時に、かけがえのない信頼をも失っていく。

釣った魚にはエサをやらない、とは本当にひどい話である。誠実なアフターフォローを信じて購入・契約してくれたお客さまが気の毒すぎて泣けてくる。

これでは、お客さまが「裏切られた」と感じるのも無理はない。

しかしながら、このような背信行為《はいしんこうい》――営業の世界ではめずらしくない。世間から見た営業マンのごくごく一般的なイメージでもあるだろう。

そうなれば当然、どれだけ言葉巧みに説明しようとも「きっと買わせるための舌先三寸《したさきさんずん》に違いない」と、お客さまがなかなか決断してくれないのも納得できる。

自分たちの愚行によって、自らの首を絞めてきた黒歴史だ。

とするなら、その誤ったスタンスを思いっきり改善することこそが、売りっ放しの競合ライバルに対して、差別化を図るチャンスとなるのではないだろうか。

「私は決して、売りっ放しの無責任な営業マンではありませんよ」と、具体的な行動でアピールし、それを証明すればいい。

といっても、口先では信用してもらえないのだから、兎《と》にも角《かく》にも「行動」あるのみだ。

そして、そのアクションが習慣化されるまで、繰り返し実践してほしい。

契約締結後の2週間以内に再訪問を実行し、レビューを実施するのである。

これは一連のセールスプロセスにおいて、もっとも大切なステップであるとの思いで、契約を預かるとき以上のエネルギーを注がなければならない。

レビューという語は、回顧、点検、復習、講評、精査、報告、評価、批評、再考、評論、審査、概観、意見、調査などの意味を持っている。

後日、落ち着いたところで、あらためて契約内容や不明点などを確認したり、付加されているサービスやオプションについての解説、難解な約款《やっかん》の説明、不備・故障があった場合の対応など、契約前までに詳しく説明できなかったことに加え、契約時の説明を丁寧に再確認すれば、より理解度が深まるだろう。

「こんな営業マン、いままでいなかった」と、お客さまに認めてもらえるほどのレベルまで、時間と労力をかけたレビューを実施してほしいものだ。

くれぐれも言っておくが、**「例外なく」すべてのお客さまに対するレビュー**である。

それが実行できれば、あなたへの信頼度が増すことはもちろん、**紹介入手や追加契約も**

容易になるのではないだろうか。

セールスチャンスは広がるばかりだ。

明日からのあなたは、もはや単なる営業マンではなく、誠心誠意フォローを繰り返す「レビュアー」であると名乗ってほしい。

決して売買成立がゴールではない。ほんのスタート地点に立ったばかりだ。もっと言えば、まだスタートさえしていないという強い自覚が必要である。

そしてその想いを持って寄り添い、**これから永遠に続くであろうアフターフォローの幕開けを宣言する**のだ。

38 営業術

やってはいけない！

お客さまを説得する

これで売れる！

その前に自分を説得する

人を説得しようとは、虚しい行為だ。

ましてや納得させようとは、こざかしい。

小手先のロジックで何とかまるめこもう、という意図がある限り、お客さまの心は動かないのだから。


現職の生命保険会社で採用面接官を務めることの多い私は、面接試験の場において、

「人を説得するときに大切だと思うポイントは何ですか？　３つあげてください」

と、あえて質問することがある。

すると、どれだけ豊富な営業経験を持つ候補者であったとしても、彼らから本質を突いた答えが返ってくることは、ほとんどない。

もっとも多い回答は、「聴くことです」「ニーズに応えることです」「メリットを伝えることです」などといった、ちゃんちゃらつまらないポイントばかりだ。

私はそのとき「まったくわかってないなあ」とがっかりする。その程度では、凝《こ》り固まったお客さまの心を翻意《ほんい》させることはできない。

だってそれらのメニューは前菜にすぎないのだから。説得へのメインディッシュにはならない。

「お客さまを説得し納得させたい」「考えをあらためさせたい」「テコでも動かない頑固な心を動かしたい」と、本気でそう思うのであれば、**お客さまを説得する前に、まずは自分**

自身を説得しておくことである。

そもそも、自分が気に入っていないもの、自分が好きではないもの、自分が素晴らしいと思っていないもの、それらを本心から勧めることなどできるだろうか。

冷めた心で売り込んだところで、賢明なお客さまはすべてお見通しだ。

少なくとも違和感を抱くはずである。「何かピンとこないから、買わない」という判断を下すだろう。

だからと言って、「どこよりもリーズナブルな価格で、どこよりも有名なブランドで、どこよりも人気があって、どこよりも優れた商品であればもっと説得できるのに……」という言い訳を繰り返す営業マンは、自分の無能ぶりを露呈《ろてい》しているようなものである。

そのように、誰でも黙って売れるものが売れたからと言っても、それを「営業」とは呼ばない。

値段が高くても価値ある商品というものがある。無名のブランドでも確かな商品というものがある。他の人には人気がなくてもその人に合った商品というものがある。

たとえどんな商品にも、欠点はたくさんあるにせよ、何かひとつくらいは光るものがあるはずだ。

あなたがお客さまへ自信を持って勧めることができるよう、**心底好きになれるまで研究を重ね、その商品の〝売り〟を見出すこと**だ。

そして、あなたがいつも売っているのは最高の商品であると、自分自身に対し〝営業〟をかけておくことが欠かせない。

「**お客さまのために、私は何が何でもこの最高の商品を売る。売らないことは悪であり、売ることが善なのだ**」と、自分で自分を完全に説得しておくことである。

39 営業術

やってはいけない！

親切に何度も訪問する

これで売れる！

早く断られて回転率を上げる

いわゆるローパフォーマーは、能力が「低い」のではない。ただ単に仕事が「遅い」だけなのだ。

ハイパフォーマーが1か月でこなせる仕事を、のらりくらりと3か月もかけ、1週間あれば終える仕事を、ぐずぐずと3週間もかけている「もしもしカメよ、カメさんよ」状態なのだ。

とにかく何ごとも「後回し」にしたい。今日できるアプローチでも明日にしたい。今週できる訪問でも来週にしたい……という後回しの習慣化が徹頭徹尾ものすごい。

本人は頑《がん》として認めないだろうが、核心を暴いてしまえば「できる限り先に延ばして、結局、営業をしないで済ませたい」のである。

フットワークにブレーキをかけている、そんな歩みの鈍《のろ》い営業マンを分析し、心の奥底を覗いてみると、なにやら見えてくる正体は「恐怖心」のようだ。

恐怖は人をフリーズさせてしまうらしい。

そう、できる限り「しくじらないよう、しくじらないよう」「断られないよう、断られないよう」にと、慎重に踏み込まない。弱腰な受け身の営業を繰り返しているわけだ。

相手はお客さまなどではなく、もはや恐怖の亡霊《ぼうれい》なのだから、事態は深刻を通り越してオカルト・ホラーだ。魔物にとり憑かれているかの如《ごと》く、「しつこくせず、間隔を空けて訪問しよう」と、うじうじとしたエセ親切心を止められない。「自称・良心的な紳士《しんし》・淑女《しゅくじょ》」こそ、除霊が必要なのかもしれない。

もっとも、こんなスローペースでは絶好のチャンスが失われていくだけでなく、いつまで経っても次のステップへ進めない。

悲しいかな、だらだらと、新規の「回転率」が上がることはないだろう。

継続して大きな成果を上げたいなら、断られない営業を目指すより、**スピードを上げて目の前の仕事を一刻も早くクローズさせることである。極論すれば、とっとと、しくじってしまえばいい**のだ。

成功しようが失敗しようが、目先の結果に一喜一憂している場合ではない。そもそもダメなものは誰がやってもダメなのだから。

悪いのは「あなた」ではない。

悪いのは「タイミング」だ。まだ機は熟していなかった、と解釈すること。だから決して自分を責めたり、相手を責めたり、運命を呪ったりしてはならない。

すっきりとスピード決着がついたら、そのあとは「さあ、ネクスト！」と叫び、リスタートを切ればいい。

やはりいまの時代、**（S）Speed・（N）Next・（S）Startの「SNS」**が、何より大

事なのである。あらゆる商売の収益率の要《かなめ》がスピードと「回転率」であるなら、**セールスプロセスにもスピードと回転率が欠かせない。**

スピード&チャージの猛烈な勢いで、次々と仕事を終わらせることである。

そう、もうひとつの「未来への扉」をこじ開けるために……。

自分の仕事に遅延の傾向が表れるや否や、すぐに消極的な兆候《ちょうこう》を感知してアクセルを踏み、スピードを再加速させることのできる、そんな営業マンだけが、勝ち上がっていけるのだ。

もうとにかく**スピード・スピード・スピードでフル回転しなくては、すぐに周回遅れになる時代**だ。現代の営業マンにとって必要不可欠な行動特性とは、優秀なアスリート同様、しくじってもすぐに立ち上がる正真正銘のチャレンジャー体質なのではないだろうか。

40 営業術

やってはいけない！

あきらめず再アプローチする

これで売れる！

さっと引いて半年後に連絡する

見込み客から一度や二度逃げられたくらいで「リストから完全に消し去ってしまうのはもったいない」と、熱心に再アプローチをしている、という話をよく聞く。

おそらくあなたも、感覚に任せてふと思い出したときや、成績に困ったときに連絡する程度には、再アプローチしているのかもしれない。キツく断られた相手や苦手なタイプの相手は除いて……。

しかし、ただ気まぐれに、2カ月後にアプローチしたところで「しつこい！」と煙たがられるだけだし、2年後にアプローチしたところで「あんた誰だっけ?」、もしくは「もう他社で買ってしまったよ」ということにもなりかねない、のではないだろうか。

たとえば生保営業の場合、**断られたお客さまの内の15パーセントのお客さまが「半年後の再アプローチ」で成約に至る**というその根拠を、何十万件という膨大なデータからはじき出した会社がある。

断られたお客さまの分母が100人だとすると15人が成約に至る計算になる。ということは、200人だと30人、1000人だと150人、2000人に断られると、なんと3000人が新たなお客さまになる計算だ。

とするならば、すべての断られたお客さまに対して、**漏れなくきっちりと「半年後」に訪問**しなければならない。それが道理だろう。訪問しない理由が見つからない。

「しくじりは成功のもと」を裏づけた、科学的なデータに基づく活動ならば、**断られる勇気も湧いてこようというもの**である。

それを実行するためには必ず、断られたタイミングの別れ間際にお客さまへひと言「**も**

う一度、半年後に、ご提案（ご連絡）させていただいてもよろしいでしょうか?」と、つけ加えておくことが絶対条件だ。

半年も経てば、**環境に変化が訪れ、絶好のタイミングがやってくる**もの。

「婚約した」「同棲《どうせい》をはじめた」「入籍した」「結婚式を挙げた」「離婚した」「再婚した」「妊娠した」「子どもが増えた」「長男が入学した」「末っ子が大学を卒業した」「マネジャーに昇進した」「昇給した」「転職した」「退職金が入った」「独立・起業した」「引っ越した」「マイホームを買った」「土地を売った」「相続した」「父が入院した」「妹が交通事故に遭《あ》った」「叔父《おじ》が亡くなった」「母が認知症になった」「繁忙期《はんぼうき》がすぎて、検討する時間の余裕ができた」「親戚の営業担当者が突然退職することになり、解約に支障がなくなった」……。

というように、とかく人生に変化はつきものだ。

同時に、**営業サイドにも変化がある。**

そう、たとえば経験を積んだその間に、スキルが上がる、知識が増える、資格を得る、新商品が出る、信頼係数《けいすう》が上がる、などなどだ。

半年後に蘇《よみがえ》るであろう成約のチャンスをイメージして〝しくじり〟を締めくくらなければならない。

通過点として「いったん、断られておく」と解釈することである。

これからはどんどんしくじってほしい。それが習慣になれば、耳元で「うまくやれ」とささやく亡霊は消えていなくなるだろう。もはや恐れるものなど、何もない。

敗者復活戦を勝ち抜くように「ワイルドカード＝断られたお客さまリスト」の管理を徹底し、定期的な訪問システムを構築してほしい。そうすれば、**断られれば断られるほど、お客さまは増えていく**ということになるではないか。

41 営業術

やってはいけない！

「買ってほしい」と頭を下げる

これで売れる！

「売ってあげる」と胸を張る

ある日のこと。あなたはお腹に激痛が走り、近くの病院に駆け込んだとしよう。

派手なエントランスをくぐると「ようこそ、いらっしゃいませ」と、満面の笑みを浮かべたドクターが出迎えてくれる。「どうぞ、こちらへ」とペコペコと頭を下げながらスリッパまで揃えてくれ、診察室へと案内される。

愛想がいいドクターから「今日は暑いですねぇ」と、おしぼりまでサービスされ、世間話がグダグダとはじまった。（そんなトークはいいから、とっとと治してくれ）と、あなたは心のなかで叫びながら、ひたすら苦痛に耐えている。

「それでは大変失礼なのですが、シャツをめくりあげてお腹を出してもらってもよろしいでしょうか？　聴診器《ちょうしんき》は冷たいかもしれませんが、当ててもかまいませんでしょうか？」

（はぁ、バカ丁寧にもほどがある。早く診《み》てくれ〜）

うさんくさいドクターの診察は延々と続き、結局、急性《きゅうせい》胃腸炎《いちょうえん》と診断された。

「すぐによく効く痛み止めの注射は、３０００円もかかってしまいますが、どうされますか？　しますか？　それともやめますか？　どうされますか？」

あなたはイライラして、言い放った。

「先生、それくらいのお金はかかってもかまわないので、早くこの痛みを止めてくださいよ！」

ドクターは嬉しそうに、

「いいんですね。ありがとうございます！　はい喜んで！」

（ここの病院は、居酒屋チェーンか！）

そしてドクターは、

「では、もうひとつお願いがあるのですが……」

と言い出した。今度は目がギラギラと輝いている。

「処方箋《しょほうせん》のおすすめコースがございまして、頭痛薬と湿布《しっぷ》薬をセットにして3万円のところを、いまなら特別サービスしておきますので2万円で買ってもらえないでしょうか。今月のノルマが達成できてなくて。明日が締切日なんです。ぜひお願いします！」

（ふざけるな！　いるわけないだろ！）

怒って席を立ち、帰ろうとすると「本日はありがとうございました〜。ぜひ、またお越しくださいませ〜」と、その医者は満面の笑みでお辞儀を繰り返した。

（二度と来るか！）

さて、笑っている場合ではない。

ここであなたに気づいてもらいたいのは、**この営業マンみたいなドクターこそが、売上が伸び悩んでいる「あなたの姿そのもの」**なのだ、ということである。

このようなペコペコと媚びたドクターに診てもらいたい患者さんがいないのと同様に、

媚びた営業マンからモノを購入したいというお客さまもいない。

本来、頭を下げてお礼を言うのは、患者さん＝お客さまのほうである。ドクターはひと言「おだいじに」でいいのだ。

ドクターにとって「治すこと」が目的＝仕事であるように、私たち営業マンは「売ること」が目的＝仕事である。ドクターは病気や怪我で苦しんでいる患者さんを救うため「あなたのために治す」という使命感で働いているはず。まさに「治してあげる」のだ。

営業マンの使命感も同様に「あなたのために売ってあげる」でいい。「売ってあげる」のである。**「買ってほしい」という態度は不信感を生むが、「売ってあげる」という態度は信用度をアップさせる。**

お代《だい》をいただくお客さま商売は同じであっても、いい意味での高飛車《たかびしゃ》な態度が、お客さまにとって「頼りになる人」という安心感を生んでくれるのだ。

そもそも、営業マンの「売るもの」とは何なのか。

それは、快適さを売り、満足を売り、問題解決策を売り、利便性を売り、安心を売り、幸せを売り、「人生の夢を売る」のだ。**〝媚びを売る〟必要はまったくない**のである。

第6章

やってはいけない「営業習慣」

42 営業術

やってはいけない！

コツコツとがんばる

これで売れる！

正々堂々とサボる

成果は訪問件数に比例すると信じ、一途に取り組む姿は涙ぐましい。豊富な活動量があなたを救ってくれるかのごとく、コツコツとがんばっているようだ。

しかし悲しいことに、その地道な活動が必ずしも実績につながるとは限らない。努力が報われないいだなんて、営業の世界とは残酷無比《ざんこくむひ》である。

どちらかといえば、のんびりとマイペースに見える自由人のほうがハイパフォーマーだったりする現実がある。いったいそれはなぜなのか。

やはり人間たるもの、いつか疲れる。どれだけ働き者であったとしても、ハードワークは続かないし、マンネリ化も避けられない。覇気《はき》も失われ、気力・体力も落ちてくる。よって、適度な休憩や休養が必要になるのだが、サボることに罪悪感を持っている中途半端な〝努力家〟は、上手なサボり方を知らない。

それゆえ、いったんサボり癖がついたら最後、ダラダラと止めどもなくサボり続け、そのヘタレな自分の姿を正しく認めようとしない。**仕事をしているのか、仕事をしていないのか、区別が曖昧になっていく**のだ。

傷を舐め合う居酒屋での交流を「戦略会議」と呼び、ウインドウショッピングを「マーケティング」と呼び、長時間にわたる居眠りを「健康管理」と呼び、カフェでのマンガ読書を「自習」と呼び、スマホでのゲーム遊びを「頭のトレーニング」と呼び、パチンコ通いやカラオケを「自己研鑽」と呼び、二日酔いによる体調不良休暇を「充電」と呼ぶ。

そうやって、**すべての行動を巧妙に正当化している。**言うまでもなく、**それらは「自己**

欺瞞《ぎまん》」だ。

これらの行動が休日ならばかまわない。「気分転換」や「休養」という自覚のもとに時間を使っているのであれば、それらはむしろ必要なことだ。

しかし、業務時間中の〝サボリ〟であるにもかかわらず、彼らの思考はすべてが仕事の一環であり、営業しているつもりになっているからやっかいなのだ。

仕事中に現実逃避し、「今度の休日はどこへ遊びに行こうか」「今夜は誰と飲みに行こうか」「夏休みの旅行の行き先はどこにしようか」と、**完全に気が散っている。とてもじゃないが、営業目標に向かってまっしぐら、という精神状態ではない。**

そうかと思えば、「ああ、どうしよう。営業成績が上がらない」「ああ、悩ましい。見込み客がいない」「ああ、このままでは今月も上司に怒られる」と、**本来なら気分を切り替えなければいけないオフタイムに悩みを持ち込んでいる。**頭のなかは休むことができないまま休日を過ごし、余計なストレスを溜め込むことになるのだ。

仕事中には休日のことは忘れ、休日には仕事を忘れることである。

オン・オフの完全なるスイッチの切り替えが〝命綱〟だ。このバランスが絶妙に取れている営業マンは、いつの時代も永遠にハイパフォーマーであり続ける。タイミングよくガス抜きすることが、高いパフォーマンスを維持するためにどれだけ大切かを、優秀な営業マンほど本能的に理解し、実行している。

彼らは、サボることに罪悪感など持っていない。**後ろめたさを感じることなく、堂々と遊び、サボっている。**だからこそ、やるときはやる。集中して働けるのだ。

仕事中に現実逃避するのはもうやめてほしい。「もっと営業成績を上げたい」と願うなら、**正々堂々とサボることを推奨したい。大事なのは、「自分はいま、この時間、本気で休養している」という解釈へ変えることである。**でなければ、挽回が利かないでないか。

43 営業術

やってはいけない！

計画的に行動する

これで売れる！

テキトーに走り出す

プランニング大好き営業マンにも困ったものだ。

綿密な計画・立案が大事だからと、長い時間をかけ情報収集や市場研究など、準備に余念がない。そうしていつまでも「ああでもない、こうでもない」と机上の空論《くうろん》のなかで逡巡し、実行に移せない輩がいる。

いやはや、それは本当に残念というしかない。

たしかに「プラン」がなければ何もはじまらない。計画・目標が大切であることは、もはやここで論ずるまでもないだろう。

しかし、私たちは営業の世界で生きている。ともすれば計画通りに運ぶことのほうが稀だ。そもそも、お客さまという相手のあることである。頭で考えた計画通りに進むくらいなら、はじめから苦労しない。

おそらくあなたは、理想的なその計画を遥かかなたの遠くに見ているのではないだろうか。だから動けなくなるのだ。

結局、営業マンは「動いてなんぼ」の生き物である。

途方もないゴールを掲げすぎて、一歩も動けなくなるくらいなら、「動きたくなるリプラン」に立て直さなければならない。

いかにも、完璧な計画を立案し、それを初志《しょし》貫徹《かんてつ》で実行し続けることが理想的だ。プランを変更してばかりでは、迷走してしまうケースもあるのだろう。

とはいえ、「絵に描いた餅」に縛られすぎて動けなくなるほうがもっと恐い。

誤解を恐れずに言えば、**計画なんてものは「テキトー」でいい**のである。

まずは動いて動いてみて、その結果、どうにも計画通りに進まないと判断したときには、**リプランをかませばいい**のだ。リプラン、リプラン、リプランの嵐で進めたほうがうまくいくこともある。

いまの時代は「一年ひと昔」だ。最先端の情報はもの凄いスピードで流れている。古くなってしまった計画に縛られているなんて本末転倒だ。

自己満足の壮大なる計画もいいが、しっかりと地に足を着けて動いているのか、よくよく確認してみてほしい。

なんとじつは、ずっと高いところに感じる計画達成、難解だと決めつけている問題解決、困難に思える不振脱出、そのためのヒントはあなたの足元に落ちている。ほら、すぐそこに落ちている。

知識や知見は古くなっていないだろうか。

スキルやメソッドは錆びついていないだろうか。

マーケット開拓は非効率になっていないだろうか。

メンタルは後ろ向きになっていないだろうか。


計画未達成であると溜息《ためいき》をつく前に、近くの小さなほころびを見つけてほしい。

はたまた、ここは直接、**お客さまに教えを乞《こ》う体験が必要なときなのかもしれない。**

はじめは「テキトーな計画」で転んだとしても、それを「適確な計画」に再構築し、もう一度でも二度でも立ち上がり、走り出せばいいのである。

44

営業術

やってはいけない!

自己暗示をかけ奮い立つ

これで売れる!

二人称で鏡と向き合う

一般的なアファメーションといえば、「具体的な夢や目標への自己暗示」であったり、「願望が現実化したかのごとく自己洗脳すること」であったり、「深層心理に潜む固定概念の書き換え」であろう。

「できる、できる、絶対できる」
「成功する、成功する、必ず成功する」
「好きだ、好きだ、自分のことが大好きだ」

というようなアファメーションはたしかに効果的かもしれない。

しかし、そのように、「私は絶対売れる」「私は必ず大成功する」「私は自分が大好きだ」という無理強《むりじ》いは、自信を喪失している営業マンには効果が薄いものだ。

本心では自分のことを「**実力がない**（**経験不足**）」「**何をやってもうまくいかない**（**実現不可能**）」「**自分のことが好きじゃない**（**自己嫌悪**）」であると疑っていながら、強引に理屈だけでアファメーションを試みたところで、なかなかその気にはならない。

それではかえって、**急激な変化への恐怖により、潜在意識が拒絶反応を起こしてしまう**ことだろう。「でも、やっぱり私にはできない」というネガティブな抵抗感からは逃れられないのである。

よって私流のアファメーションは、至ってシンプルだ。


「**私はやっぱり運がいい**」

「**私はとことんツイてる**」

「私はホントに幸せだ」

このメッセージを、鏡のなかの自分自身へ何度も何度も語りかけるだけだ。それも満面の笑顔で、ときには大笑いしながら、アファメーションするのである。これはもう私のなかで習慣化されているため、もはやまったく違和感がない。

そもそも運や幸福感などというものは、自分の能力とは直接関係がない。だから潜在意識からの拒絶が起きにくいのだ。本来の自分自身はまったく変化する必要がないから、無理なく自然体でつぶやけるのである。

さらに、鏡のなかの自分と対話（コミュニケーション）をするという、もうひとつのバージョンもある。名づけて〝コミュファメーション〟と呼んでいる。

「お前は、運がいい営業マンだ」
「お前は、超ツイてる営業マンだ」

「お前は、世界一幸せな営業マンだ」


というように、これらのメッセージを鏡のなかの自分自身へ語りかけるのである。

「二人称」のアファメーションは、人から見たら少々不気味な光景かもしれないが、効果の大きさは計り知れない。

鏡のなかの自分を思いっきり応援してあげることさえできれば、エネルギーはそのまま〝反射〟されてくる。沸々《ふつふつ》と自信が湧いてきて「できる」という気がしてくるから不思議だ。成績アップの効果は絶大である。

ワクワク楽しい「ラッキー・コミュニファメーション」のリズムを刻みながら、鏡に向かって何度も何度も何度でも、自分（相手）を励ましてあげようではないか。

45 営業術

やってはいけない！

好不調の波に身を任せる

これで売れる！

絶好調の波を引き寄せる

コンスタントに成績を上げることのできない並の営業マンは、好不調の大波《おおなみ》小波《こなみ》に翻弄されっぱなしだ。調子の波はどうにもコントロールできないと半ばあきらめ、日々「ツイてない」が口癖になっている。営業職というのは自由自在に動き回ることができ、せっかくそれなりの選択権を与えられているというのに、である。

好不調の波に身を任せてしまってはもったいない。だって**「運」はコントロールできる**のだから。

遥か大昔、大学生時代にまで話は遡《さかのぼ》る。

じつは私、麻雀《マージャン》のプロから「君には博打《ばくち》の才能があるね」と、お墨付きをもらったことがある。なぜなら、無謀にもプロやセミプロが集うフリーの雀荘《ジャンそう》へ単身乗り込み、一晩中勝ちまくったという勲章があるからだ。

麻雀は運が30パーセント、技術が70パーセントであるという説もあるが、私は逆に、運95パーセント、技術5パーセントだと分析している。もっと正しく言い換えれば、「運を操る技術100パーセント」なのである。

その頃の私は「役満《やくまん》」を何度もあがっている。役満とは逆転満塁ホームランと同じくらいめずらしく、宝くじに当たるくらいの低い確率でしかあがれない神技だ。一生かかってもなかなかお目にかかれない「小四喜・字一色（ショースーシー・ツーイーソー）」という奇跡のダブル役満や、一発目のツモでいきなりあがってしまう「地和（チーホー）」という天の配剤《はいざい》を引き寄せたこともある。

麻雀というのは、4人それぞれが東西南北の席につき点数を奪い合うゲームだ。

勝利の女神は誰に微笑むのか、風の向くまま気の向くまま。ツキの流れは、まったくもって予想がつかない。

どうやって「運の風向き」を自分に向けさせるのか、それが勝負の分かれ目なのだが、「営業運」も同様の〝見えざる力〟に左右される。

まさにツキの流れを操る麻雀ゲームとは、「営業の縮図」なのである。

たとえ営業中であれゲーム中であれ、何度も何度も重要な選択を迫られ、それを瞬時に決断していかなければならない。結果、その判断によって成功することも失敗することもあるが、**いちいち一喜一憂していたら身が持たない。**

ところが、負ける人は裏目裏目にうまく運ばなくなると、カッとなって頭に血が上り冷静な判断力を失う。または「ツイてない」とくよくよ嘆き悲しみ、落ち込んでいく。

「いや～○○さん、いつも本当は強いのに今日は全然ツイてませんねぇ。ホントお気の毒なくらいツイてない」と、追い打ちをかけられると、ますますイライラ感とくよくよ感がエスカレートしていく。そして、ゲームの流れから見放されていくのだ。

そこで、大事になるのが「平常心」である。

すべての結果を冷静に受け入れて、平常心を保つことのできる精神的な強さを持つ人が勝ちを収める。

一方で、すべての局面でイケイケどんどんの思慮の浅い人も勝てない。破滅への坂道を転がり落ちていく。

だから我慢に我慢を重ね、**ここぞのタイミングでギアを上げなければならない。**

平常心さえ保つことができれば、「天王山（ターニングポイント）」がはっきりわかる。

そして、ビッグウェーブに乗ったらもう一気呵成《いっきかせい》に攻め立てるのである。

いかにして目標達成の流れに乗り続けるのか、成績優秀者はこうした「風を読む力」に長けている。それは**魔法とも思える絶妙な判断力で、良質のお客さまを引き寄せ、確実に数字を回収していく。まさに〝無双《むそう》〟となる**のである。

46

営業術

やってはいけない！

健康管理に気をつかう

これで売れる！

心の免疫力を鍛え上げる

享楽《きょうらく》に溺れ、快楽を追求する生活なんて、決して豊かな人生とは言えない。この行為はある種の麻薬中毒だ。営業マンとしての魂が刻一刻《こくいっこく》と蝕まれていくのだと思ったほうがいい。堕《お》ちていく波乱万丈の人生である。

その一方で、日々の生活は規則正しく品行方正であったとしても、風邪を引いて高熱を出し寝込んでしまうことや、大ケガをして入院し塞ぎ込むこともあるだろう。

一時的にせよ、そうして倒れるたびに貴重な時間と気力を失う。と同時に、営業成績も〝病んで〟いく。

そんなとき、それは避けて通れない不運であるとあきらめて休養し、「次は気をつけよう」と、ありきたりの予防を繰り返し心がけるだけでいいのだろうか。

ややもするとあなたは、病気やケガを被《こうむ》るのは「たまたま」であると感じているのかもしれない。しかしそれは違う。

あなたが風邪で休むのは偶然ではない。

無事故の営業マンがずっと無事故なのにも、れっきとした理由がある。

病気は、あなたの不摂生《ふせっせい》の積み重ねによって免疫力が低下し発症したのだ。

ケガは、あなたの集中力が散漫《さんまん》になった不注意によって起きたのである。

漢方の世界では「風邪《ふうじゃ》」という邪気が、背中の風門《ふうもん》というツボから体内に侵入して風邪を引く、と言われている。

ケガは「怪我」と書き、語源も「汚《けがれ》」だ。まさに怪しい我の心の汚れが、ケガを引き寄せていると考えることもできる。

だとするならば、どうにもならないと思っている健康やトラブルでさえも、あなたのメンタル次第でコントロールできるのではないのか。

さりとて「まったく病気もケガもしたことがない」という不死身《ふじみ》の鉄人には、私もお目にかかったことはない。スーパーヒーローのようにはいかないのが現実だ。

では、それらを撃退する予防対策はあるのか。

答えはある。

それは、常に「明確な目標」を心のスクリーンに描いておくこと。

そうすれば壮快な心の状態が続き、免疫力も集中力もアップする。よって邪気や心の汚れを寄せつける恐れは低くなる。

目標に向かっているときの免疫力は、体調不良など寄せつけない。

目標に向かっているときの集中力は、うっかり事故など寄せつけないものだ。

手の届きそうな小さな目標を次から次へと設定する。

目標をいつもアウトプット、アウトプットして擦り込む。
目標は周囲の仲間と常に共有し合う。
目標を示したものを携帯し、徹底して意識する。
目標はいたるところへ掲示して可視化《かしか》する。
目標を暗証コードやＰＣのパスワードに設定し、繰り返し入力する。

このように**邪気や心の汚れを振り払う〝目標の予防ワクチン〟を摂取してほしい。**
「ターゲットに向かってまっしぐら」という心身ともに充実している営業マンにとっては、病気やケガなど、まったく縁がないものである。

47 営業術

やってはいけない！

コンプレックスは気にしない

これで売れる！

コンプレックスを矯正《きょうせい》する

私は思春期の頃から「歯並びの悪さ」を気にして生きてきた。人前では歯が見えないように話したり、口を大きく開けて笑わないように心がけてきたりと、対人営業において大きなマイナスであったことは明らかである。

長い間「もういまさら……」という思いで、問題を先送りしてきたのだった。恥ずかしながら、重ねてカミングアウトしよう。それは「薄毛《うすげ》」である。周囲の心優しい人たちからは、「全然、薄くなんてないですよ」という慰めや〝はげ〟ましの言葉をもらってきた。だが、確実に毛髪が後退していることは私自身が一番よく知っていたことだ。

さらには「白内障《はくないしょう》」との診断を受けたときも同様だ。「視界不良の不便さも、老化現象のひとつなのだから仕方がない」と、しばらく我慢を強いられていた。

しかし、ついに私は一念発起《いちねんほっき》、次々と「コンプレックスの矯正」にチャレンジすることを決意し、実行に移した。

まずは、いざ「歯の矯正」だ。

矯正器具の装着期間は1年間。その後も取り外しのきくマウスピースを2年以上つけ続ける、というゴールまでは途方もなく長い道のりであったにもかかわらず、「なぜか楽しい」「むしろ痛みさえも嬉しい」と思えた。

なぜなら、毎日ゼロコンマ数ミリずつでも動いている、そう思えるだけでも希望を持てたから……。1年経てば確実に、ニコッと白い歯を見せて笑う爽《さわ》やかなスマイルでお客さまへ会いに行ける、という明確なゴールが描けていたから……。

そう、**そこに「希望の光」があれば、前向きになれるものだと〝痛感〟した。**

歯の矯正に限らず、もしあなたが「痛みの伴う問題解決」を先送りしているのならば、いますぐにそれを〝矯正〟することをお勧めしたい。

そうすればもっと笑って暮らせる。


そして次は「薄毛の治療」だ。

私は、早め早めの薄毛対策をと思い、専門のクリニックを訪ねて治療薬を処方してもらった。そう、薄毛というのは、「悪玉テストステロン」といわれる男性ホルモンの影響が主な原因であり、れっきとした「AGA（男性型脱毛症）」という病気なのだ。よって早期治療すれば治るのである。

当の私が証言するのだから間違いない。薬の服用をはじめてからのたった半年間で、みるみる自力で増毛していった。いやはや、これには驚いた。

同様に、あなたの営業マン人生は、まだまだ前哨戦《ぜんしょうせん》だ。

やり直しがきかない年齢になるその前に、急いで治療をしておかないと、増毛（増収増益）のチャンスは〝薄れて〟いく。太く長く増毛（営業成績アップ）できるのは、あり余る成長エネルギーが残っている若い時期だけなのだ。

さらに次は、「白内障」のレーザー手術だ。

自由診療の人工レンズ（4焦点）を入れてみたのだが、老眼も近眼も一気に完治。裸眼で1・5、1・5となった。しかも半永久的に、である。

術後の見え方は、ピンボケの白黒テレビから高画質の8Kテレビへ進化した。手術前が、白くモヤのかかった思い出の回想シーンなら、手術後は超鮮明な3Dフルハイビジョンの現実世界。「世の中って、こんな美しかったのか」と、心から感動した。

何よりも、ゴロゴロしょぼしょぼするコンタクトレンズの違和感や、メガネをかけたり外したりの煩《わずら》わしさから解放され、朝の目覚めもスカッと気分爽快である。

営業力の治療も同様だ。ここで、最先端の手術に踏み切ってみてはどうだろうか。

もしかすると**あなたの視界にも、ハイビジョンの美しい景色が見えてくるかもしれない。**

・・・・・・

あきらめてどうする。

48 営業術

やってはいけない！

過去を反省し、未来を憂う

これで売れる！

いま何をすべきか現実を見る

営業マンは自由だ。

よって、外出先のカフェでボーッとスマホを眺めて考えごとをしているうち、「ふと我に返って気がついたら、一日が終わっていた」なんてことはざらである。

そんな毎日を過ごしている営業マンは、**もはや引き返せない過去を悔やんでくよくよしているか、まだやってこない未来を憂いて心配しているか、そのどちらかだ。**

「現実逃避」という名のタイムマシンに乗り、過去と未来を行ったり来たりしている。営業人生のタイムスリップは、果てしなき過酷《かこく》な旅路だ。

連想ゲームのように遠い過去へ遠い過去へと遡っていく。「あんな嫌なこともあった」「もっと大きな苦労もあった」「なんであんなことをしてしまったのだろう」という壮大なる大河ドラマは、悲劇の主人公（あなた）を、とことん苦しめる。

よくぞ耐えてきたという拷問もあれば、運悪くハマってしまった地獄もあったろう。「ああーっ」と、大きな声を上げてしまいたくなるほどの屈辱もあったはずだ。

そうしたトラウマ的な過去の後遺症を引きずりつつ、バッド・シナリオの未来をリアルに妄想し、不安に怯えるのである。

タイムスリップを繰り返す人は、いつまでもその流浪《るろう》の旅から抜け出せない。もはや時空を行き交うだけの徘徊者《はいかいしゃ》であると言ってもいいだろう。

じつは、そのように**「いま、ここにいない」現実逃避の世界を徘徊していると、メンタルはダメージを受け続ける。**まるで魂だけが浮遊している幽霊のようになり、遠くを見る目の焦点も合っていない。そう、もはや死んでいる。

これまで私は、彼らをこの世の地獄から助け出したいという一心で、メンタルトレーニングを繰り返してきた。タイムマシンからの救出大作戦である。

いま、この瞬間に「意識が遠くに行ってしまう時間」をどれだけつくらないか、それがパワー再生のカギを握る。

とはいえ、**人の思考は止められない。**

試してみよう。

これから私が「ストップ！」と言うので、考えることを止めて無心になってほしい。

準備はいいだろうか。

「はい、ストップ！　思考を止めて！」

なんて、それは無理な話。悟りを開いた修行僧でもあるまいし。私たち凡人は、どこまで行っても考え続ける。寝ているときだって例外ではない。大脳《だいのう》の一部は眠っているかもしれないが、決して脳全体は休んでいない。

よって**「いま、目の前の現実の世界」を生きているときだけが、本当の意味であなたを休息させてくれる。そのためには〝無意識を意識する〟こと**だ。

たとえば、次のようなトレーニングを日課としてほしい。

一歩一歩を大切に歩く。ゆっくりと深呼吸する。自然な風を肌と心で感じる。雑音にさえも耳を澄《す》ます。空の広さと青さに感動する。あらゆる香りを楽しむ。水は命の源であると感謝しながら飲む。食べることだけに専念する。身の回りを整理整頓する。生活必需品へ敬意を持って扱う。待ち合わせ時間を厳守する。落ち着いたリズムやトーンで話す。親切丁寧に接する。人を褒める。左右の10本の指に感謝の念を送る。小さな幸福を見つける。諸行《しょぎょう》無常《むじょう》を悟る。そして精一杯、いまを生き切る。

以上のように、**「いまという瞬間の連続」を意識するトレーニングを続けること**で、より一層、営業のメンタルは鍛えられるのである。

49 営業術

やってはいけない！

今度こそは、と目標にチャレンジする

これで売れる！

あきらめのシナリオを破り捨てる

目標を達成する営業マンはなぜかいつも達成する。

目標を達成できない営業マンはなぜかいつも達成できない。

表彰式の壇上《だんじょう》でスポットライトを浴びるのは、いつも固定化されたメンバーばかりで、勝ち組と負け組のクラス替えがおこなわれることは滅多にない。

窮地の補欠メンバーは、「今度こそは……」と目標にチャレンジするたびに玉砕し、やがては淘汰されていく。負け組の彼らは、よほど能力が劣っているのだろうか、それとも、とんでもない怠け者なのだろうか。

いや、決してそうとは言い切れない。

よくよく彼らを分析してみてわかったことがある。

それは、**売れない営業マンは「達成しないことを決めている」という驚愕の真実**だった。

あなたが驚くのも無理はない。「そんなバカな」と信じてくれないかもしれないが、彼ら目標未達成者は**「あきらめる理由」と「あきらめる到達点」を予《あらかじ》め決めているの**である。

すべては計画通りの出来レースなのだ。

「月末の一週間前までに半分も達成できなかったら、今月はあきらめよう」

「来月までに芽が出なかったら、もう今年のアワード入賞はあきらめよう」

「夏のボーナスまでに法人契約が決まらなかったら、もうあきらめて転職しよう」

こうしてあなたは、できない理由を具体的に設定しては「達成しないことを決めている」のである。

なんということだ。**「言い訳」のセリフをはじめ何から何まで未達成へのストーリーが**

でき上がっていたなんて。はじめから安易な「あきらめた目標」を設定し、逃げ道をつくっているのだから、限界突破などできるわけもないのだ。

本当の目標のほかに「最低目標」というもうひとつのバーを設定することもあるが、たいていはその低いほうへ意識は流されていき、そこが最終ゴールとなる。

「思考は現実化していく」という原理原則に基づき、あなたが求めている〝未達成〟という願望に向かい、まさに、その通りの結果がやってくるのである。

あなたがその未達成地獄から解放される方法はただひとつ。

逃げ道をつくっている本心と正直に直面し、それを認め、一切排除することだ。

〝あきらめのシナリオ〟を破り捨てなければならない。

コミットメントが甘いのは、自分自身に対して無責任だからである。

もっと自分の人生を大切に扱ってほしい。「あきらめの麻薬」を打ち続けて楽になるのは、もうやめてほしい。**もっと自分を信じてあげてもよいのではないのか。**

あなたが心から手に入れたいターゲットは何なのか。それを達成すると決めることだ。不退転《ふたいてん》の決意である。言い訳無用、言い逃れ厳禁、正当化撲滅、と心に誓うのだ。

願望を明確にイメージし、毎朝毎晩、家族や親友、お客さまにも「達成宣言」すること。そして入浴中や眠る前にはひたすら瞑想《めいそう》だ。一心不乱《いっしんふらん》。すべての邪念を振り払い、ひたすらまっすぐに目標へ向かってほしい。


たとえば、東京から北海道へ行くと「目的地」を決めたとしよう。

困難が立ちはだかることは想定内だ。空の便が欠航したとしても、あきらめてはいけない。新幹線が止まったって船があるし、車で行く方法もある。それらが故障したら、自転車に乗り換えたっていい。その気になれば、歩いたって行けるし、泳いだって行ける。

「目的地」さえ定まれば、そのための達成方法はいくらでもあるし、それは必ず見つかる。

本気で決意したならば、その瞬間に目標は達成したも同然なのである。

50 営業術

やってはいけない！

「がんばります」と宣言する

これで売れる！

「できます」とコミットする

私が支社長として新天地に赴任したとき。それまでずっと最下位レベルだったどん底支社が、なぜ全国ナンバーワンの支社にまで変貌を遂げることができたのか。

それは「がんばれ」や「がんばります」を禁句にする方針へ転換したからだ。

メンバーががんばらなくなった途端、V字回復していったのだから、皮肉なものである。

スランプに苦しんでいた〝がんばり屋さん〟たちは、互いにマインドコントロールし合っていた。そう、「がんばる教」に啓蒙《けいもう》されていたのだ。「**がんばる、がんばる、がんばる**」**に洗脳されてしまうと、じわじわと営業目標を見失う。**

「がんばってね」という仲間からの慰めの言葉に対し、「がんばります」という根拠のない決意表明で応え、その場しのぎの虚しいエール交換が繰り返されていたのである。

たとえ望んだ成果が得られなかったとしても、見せかけのガッツポーズでがんばりをアピールすることさえできれば、拍手喝采《はくしゅかっさい》されることもある。

よって、エセ努力家にとって「がんばります」とは、実用的かつ万能なフレーズとなっていたようだ。

もとより、自分は「がんばっている」と思いたいのが人の性《さが》だろうし、誓って私は、あなたの努力を全否定するつもりなどさらさらない。

ただ、どうしても**これだけは〝がんばり屋さん〟へ伝えておきたい。そう、「がんばらないほうがいい」という真実を、である。**

「がんばっている」という自己陶酔《じことうすい》は、常習性が高く、悪習慣のユートピアで溺れてしまう危険水域だ。その楽園には数多くのエセ努力家が暮らしている。

ぽわぽわとしたユートピアのなかで目的や結果にこだわらない営業を続けている限り、

どこまで行っても実力は磨かれない。

大切なのは、まっすぐに営業目標達成へと向かい、効果的にがんばっているかどうかなのであって、がんばること自体には大した意味はない。〝がんばり屋さん〟の自分にのぼせあがるくらいなら、はじめからがんばらないほうが、よっぽどマシである。


私はときに営業メンバーに問う。

目標達成に対し、「できるか、できないか」と。

すると彼らは、「できます」と答えず、苦笑いを浮かべ「がんばります」と答えるケースがじつに多い。

よくよくその意味をかみ砕いてみると、「できる自信はないので、できますとは言い切れないけれど、なるべく努力はしてみます」という、ごまかしのニュアンスが含まれている。

そんな決意なき言い逃れによって、やがて「**がんばったんだから、それでいいじゃないか**」**という反結果主義の甘え根性が増殖されていく**のである。

はたして、あなたの営業活動は「生産的」だろうか。
常に何がしかの「結果」を生み出していると言えるだろうか。
これからはもう**「がんばる」をデッド・ワードとすること。「がんばって」という励ましや「がんばります」という決意表明を一切禁句にしてほしい。**

がんばらなくていいのだ。

もうそれ以上がんばらなくていいから、現実的かつ具体的に目の前の営業目標と向き合い、「できます」「やります」とコミットしなければならないのである。

おわりに

私たち人間には、脈々と営業マンの血が流れている。
じつは、生まれながらにして「営業の天才」なのだ。

オギャーとこの世に生を受けた瞬間から、ママに「母乳がほしいよ」と、泣き叫びながら営業をはじめる。幼稚園児になると、デパートで「おもちゃを買ってー」と床を転げ回ってダダをこねるアプローチを仕掛ける。学生になれば「お小遣いを上げて」と、戦略的な交渉術を駆使しプレゼンテーションを展開する。

結婚のプロポーズの場面では、「君を絶対に幸せにする」と情熱的に自分を売り込み、押しの強いクロージングをかける。マイホームやマイカーを買い物するときには、駆け引きさえも楽しみながら、巧妙な「値引き交渉」で売買契約を成立させていく。

出世のためには、社内でのゴマすり営業もなりふりかまわず、上司には徹底して「媚びを売る」こともやぶさかではない。

さまざまな人間関係においても、エゴとエゴがぶつかり合う「ガチンコ営業」を繰り返している。

このように、私たちは生きている限り、いついかなる場面でも営業マンであるようだ。とすれば、いかにして、あらゆる交渉ごとを成功に導けるか、それ次第で幸福な生活を送れるかどうかが決まる。

人生において大切なのは、明らかな結果だ。

それは仕事上の具体的な成果であり、パートナーとの心豊かな生活であり、親子の健全な関わりであり、心身ともに健康な身体であり、お金に困らない通帳残高なのである。

営業を制する者は、人生も制する、そう言っても過言ではないだろう。

つまり**「営業とは、人生の縮図である」というのが私の持論である。**

ぜひ、本書を繰り返し熟読し、あなたの営業術（＝人生の芸術）を磨いてほしい。

もっとリアルに、私からのメッセージを受け取りたいと思う読者の方には、ぜひ「**早川勝の100則チャンネル**」というYouTubeチャンネルを登録し、ご覧いただきたい。あなたの営業術が、より一層、洗練されていくはずである。

最後になったが、このたびの出版に当たり、きずな出版の方々から多大なるご協力を賜り、この機会を得た。そして、小寺裕樹編集長からの的確なアドバイスと心温まる励ましによって、ここに本書が誕生した。

謹んで関係者の方々に感謝申し上げたい。

早川勝

著者プロフィール
早川 勝（はやかわ・まさる）
神奈川県に生まれる。世界有数のフィナンシャルグループを母体とする外資系生命保険会社に入社以来、圧倒的なトップクラスの成果を上げ続け、数々のタイトルを獲得。その後、営業所長としても社内で最大かつ最高の生産性を誇るコンサルティングセールス集団を創り上げ、No.1マネジャーの称号を得る。支社長に就任後、どん底支社を再生させ、数多くのMDRT(Million Dollar Round Tableの略、世界79の国と地域でトップ数%が資格を有する卓越した生保のプロによる世界的な組織)会員を擁する組織を構築。現在も営業マネジメントの最前線で活躍中。
著書は『営業の鬼100則』『リーダーの鬼100則』『転職の鬼100則』(いずれも明日香出版社)、『死ぬ気で働く営業マンだけがお客様に選ばれる』(かんき出版)、『強運の神様は朝が好き』『強運だけを引き寄せる習慣』(ともに祥伝社黄金文庫)、『世界TOP6%の超絶売れる習慣』(秀和システム) 、『やる気があふれて、止まらない。』(きずな出版)など多数。

やってはいけない営業術

2021年5月10日　第1刷発行

著　者　早川 勝

発行者　櫻井秀勲
発行所　きずな出版
東京都新宿区白銀町1-13　〒162-0816
電話03-3260-0391　振替00160-2-633551
https://www.kizuna-pub.jp/

印刷・製本　モリモト印刷

ISBN978-4-86663-140-0

きずな出版